내 주위엔 온통 수학이야 2

태풍에도 끄떡없는 우산이 있을까?

1판 1쇄 발행 2023년 11월 25일
1판 2쇄 발행 2024년 07월 01일

지은이 장경아 | **발행처** 도서출판 혜화동
발행인 이상호 | **편집** 권지영 | **디자인** nutbug
주소 경기도 고양시 일산동구 위시티3로 111, 202-2504
등록 2017년 8월 16일 (제2017-000158호)
전화 070-8728-7484 | **팩스** 031-624-5386
전자우편 hyehwadong79@naver.com

ISBN 979-11-90049-39-9 (74410)
ISBN 979-11-90049-41-2 (세트)

ⓒ 장경아, 2023

이 책은 저작권법에 따라 보호를 받는 저작물이므로 무단 전재와 무단 복제를 금지하며, 이 책의 전부 또는 일부를 이용하려면 반드시 저작권자와 도서출판 혜화동의 서면 동의를 받아야 합니다.

* 책값은 뒤표지에 있습니다.
* 잘못된 책은 바꾸어 드립니다.

생활 속에서 키우는 수학적 사고력

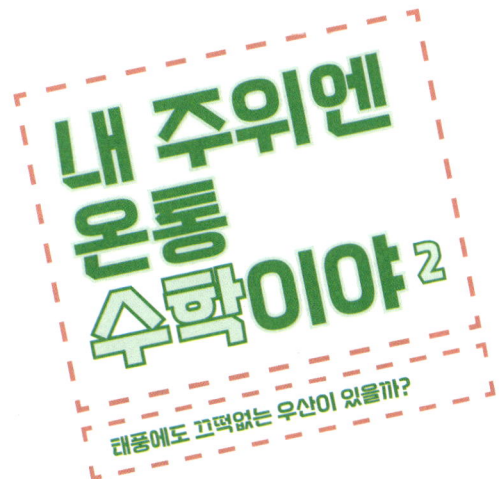

내 주위엔 온통 수학이야 2

태풍에도 끄떡없는 우산이 있을까?

장경아 지음

혜화동

서문

> **" 누구나 내 주변에서
> 수학을 찾을 수 있을 거예요! "**

　우리나라 학생들은 '수학'을 정말 열심히 공부하는 것 같아요. 학년이 올라갈수록 수학 공부에 더 많은 시간을 쏟아요. 이렇게 학생들이 수학 공부를 열심히 하는 건 아마도 '수학'이 좋은 대학을 가는 데에 중요한 역할을 하기 때문일 거예요.

　그런데 만약 누군가 여러분에게 '수학'이 우리의 삶과 무슨 상관이 있는지 묻는다면 뭐라고 대답할 수 있을까요? 혹시 계산 정도만 하면 살아가는 데에 아무 문제 없다는 생각이 들지 않나요? 국어나 과학, 사회, 영어와 같은 과목은 우리가 생활하는 데 필요할 것 같다는 생각에 의심 없는데 말이에요.

'수학'을 공부하는 가장 큰 이유는 수학을 공부하는 것을 통해 생각하는 힘을 기를 수 있기 때문이에요. 이런 힘은 우리가 살아가며 겪는 많은 문제를 해결하는 데에 도움이 되지요. 하지만 이런 답은 머리로는 이해되지만, 어린이들에게는 잘 와 닿지 않을 수 있어요.

어떻게 하면 어린이들에게 수학은 우리 생활에 꼭 필요하고, 우리 삶을 편리하게 해 준다는 걸 알려 줄 수 있을지 고민하며 주변을 둘러보기 시작했어요. 내 주위에 있는 물건을 유심히 관찰하니 많은 물건 속에 수학이 있다는 걸 알 수 있었답니다.

집에 있는 TV, 의자, 자전거, 컵, 신발에도, 또 필통 속에 있는 가위, 연필에서도 수학을 찾을 수 있어요. 길 위의 자동차 번호판, 신호등에서도 말이에요. 수학은 수학 문제집에만 있는 게 아니라 생활 속에서 누구나 사용하는 물건 속에서 쉽게 찾을 수 있답니다. 정말인지 궁금하다면, 지금부터 내 주변에 어떤 수학이 있는지 같이 만나 봐요!

이 책은 '수학을 배우면 어디에 쓰일까?' 또는 '수학 공부는 도대체 나와 무슨 상관이 있는 걸까?' 같은 생각이 종종 드는 어린이들에게 조금이나마 답이 될 수 있다고 생각해요.

차례

서문 — 4

01.
태풍에도 끄떡없는 우산이 있을까?

이럴 땐 어떤 우산을 써야 할까? — 9
우산은 왜 대부분 팔각형일까? — 12
양산과 우산, 무엇이 다를까? — 16
수학 UP! 문해력 UP! 읽고 풀어 봐~! — 18

02.
색종이는 왜 모두 정사각형일까?

색종이의 크기가 여러 가지가 있다고? — 21
왜 색종이는 대부분 정사각형 모양일까? — 25
색종이로 여러 가지 도형을 접어 보자! — 27
수학 UP! 문해력 UP! 읽고 풀어 봐~! — 31

03.
온종일 도는 팽이가 있다고?

팽이는 어떻게 넘어지지 않고 계속 돌까? — 34
오래 도는 팽이 만드는 방법은 무엇일까? — 37
팽이는 얼마나 오래 돌 수 있을까? — 40
수학 UP! 문해력 UP! 읽고 풀어 봐~! — 43

04.
선풍기 날개가 많을수록 더 시원할까?

선풍기와 공기 순환기, 어떻게 다르지? — 46
선풍기 날개 모양, 개수에 따라 바람이 다를까? — 48
날개 없는 선풍기에서 어떻게 바람이 나오지? — 53
수학 UP! 문해력 UP! 읽고 풀어 봐~! — 56

05.
왜 나라마다 콘센트 모양이 다를까?

콘센트 모양, 왜 나라마다 다를까? — 60
나라마다 다른 콘센트 모양 — 64
어? 콘센트 구멍이 기울어져 있네? — 67
수학 UP! 문해력 UP! 읽고 풀어 봐~! — 70

06.
동전은 왜 모두 동그란 모양일까?

동전은 왜 동그란 모양일까? — 73
동전 가장자리에 톱니바퀴는 왜 있을까? — 76
10원짜리 동전은 꼭 필요할까? — 78
수학 UP! 문해력 UP! 읽고 풀어 봐~! — 81

07.
신발 사이즈가 4인 건 뭘까?

신발 사이즈는 어떻게 재면 될까? — 84
나라마다 신발 사이즈 표기는 왜 다를까? — 87
신어 보지 않고 내게 맞는 신발, 찾을 수 있을까? — 91
수학 UP! 문해력 UP! 읽고 풀어 봐~! — 94

08.
의자 다리는 꼭 4개여야 할까?

의자 다리가 몇 개면 흔들리지 않을까? — 97
의자 다리는 왜 대부분 4개일까? — 100
다리 개수로 보는 의자의 특징! — 103
수학 UP! 문해력 UP! 읽고 풀어 봐~! — 106

01. 태풍에도 끄떡없는 우산이 있을까?

❝ 이럴 땐 어떤 우산을 써야 할까? ❞

아주 오래전 우산은 권력을 상징하는 물건이었어요. 기원전 1200년경, 고대 이집트에서는 여성들이 자신의 지위와 부를 드러내기 위해 우산을 썼어요. 햇빛을 가리고 다닌다는 건 귀족 이상 신분을 가진 자들만의 특권이었지요.

그 후 18세기 중반, 영국에서 무역 일을 하던 조나스 한웨이가 비가 오는 날 우산을 썼는데, 사람들은 우산으로 비를 맞지 않는 모습을 보고 무척 좋아했어요. 하지만 한웨이가 쓰던 우산은 우산살이 등나무로 만든 것이라 접고 펴기에 불편했어요. 이후 1847년 헨리 홀란드라는 발명가가 철재로 된 우산살을 발명하면서 많은 사람이 우산을 쓰게 되었어요.

우산은 접히지 않는 장우산(1단)과 한 번 접히는 2단 우산, 두 번 접히는 3단 우산 등으로 나뉘어요. 또 우산을 펼치는 방법에 따라 자동 우산, 수동 우산, 반자동 우산으로도 나눌 수 있어요. 다양한 우산 중에서 가장 많이 사용하는 우산들은 아래 세 종류예요.

하나. 비가 많이 오고 바람도 분다면 장우산이지!
튼튼함 ★★★ 휴대성 ★

장우산은 우산살의 길이가 60~90cm예요. 크기가 커서 휴대하기에는 불편하지만, 우산살이 꺾이지 않기 때문에 2단이나 3단 우산보다 튼튼해요.

둘. 가방에 쏙~! 휴대하기 좋은 3단 우산!

튼튼함 ★ 휴대성 ★★★

우산을 가져가야 할지 말아야 할지 고민될 때는 작고 가벼운 우산이 편리해요. 3단 우산은 접었을 때 길이가 30cm보다 짧아서 작은 가방에도 쏙 들어가요. 단, 우산살이 2번 접혀 바람이 많이 불면 쉽게 뒤집혀요.

셋. 튼튼함과 편리함 둘 다 챙기는 2단 우산!

튼튼함 ★★ 휴대성 ★★

장우산은 너무 크고, 3단 우산은 우산살이 견고하지 않아서 불편하다면 2단 우산을 쓰면 돼요. 2단 우산은 한 번 접히므로 가방에 넣을 수 있고, 3단 우산보다 튼튼하기 때문이에요.

❝우산은 왜 대부분 팔각형일까?❞

우산은 무슨 모양일까요? 언뜻 생각하면 원인 것 같지만, 자세히 살펴보면 우산은 완벽한 원이 아니라 다각형이에요. 우산살의 개수를 살펴보면 우산이 어떤 도형인지 알 수 있어요. 우산살이 6개면 육각형, 8개면 팔각형이에요.

우산살은 우산을 접었다 펼 수 있게 하는 장치이자, 비를 막아 주는 천이 팽팽하게 펴지도록 하는 역할을 해요. 우산살의 개수는 적게는 6개부터 많게는 24개까지 다양한데, 8개가 가장 흔해요. 우산살이 6개면 천을 팽팽하게 만들기 어렵고, 우산살이 10개 이상이면 우산이 무거워지기 때문이에요.

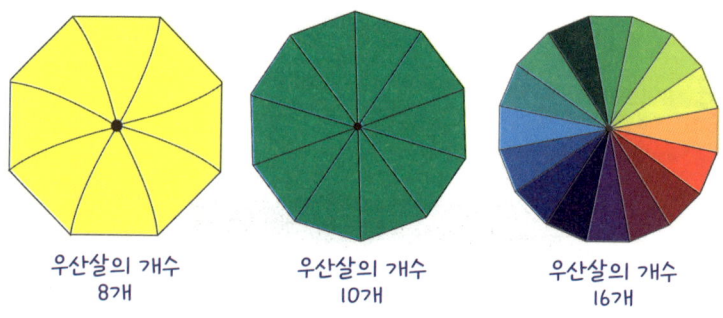

우산살의 개수 8개   우산살의 개수 10개   우산살의 개수 16개

하지만 최근에는 우산살이 8개 이상이면서도 무겁지 않은 우산도 많아졌어요. 보통 우산살은 알루미늄이나 강철로 만드는데, 알루미늄은 가볍지만 잘 구부러지고 강철은 튼튼하지만 무거워요. 그래서 최근에는 두 소재의 단점을 보완해 잘 구부러지면서도 단단한 '유리섬유'로 우산살을 만드는 경우가 많아요.

유리섬유는 유리를 녹여 가늘고 길게 섬유 모양으로 만든 것을 말해요. 또 무척 가벼운 '카본'이라는 소재를 쓰면 무게가 100g도 되지 않는 우산도 만들 수 있어요.

우산살이 무려 24개인 우산도 있어요. 우산살이 많으면 태풍과 같이 강한 바람이 불어도 좀처럼 뒤집히지 않아요.

> 생활 속 꿀팁!

아이디어가 반짝! 이색 우산 모여라~!

하나. 가장자리가 둥글둥글, 블런트 우산!

강한 바람 때문에 우산이 뒤집히는 것을 보고 만든 우산이에요. 보통의 우산은 우산살 끝이 뾰족해 바람이 불면 우산살에 찔릴 수 있어 위험해요. 우산살 끝부분을 동그랗게 감싼 이 우산은 시속 113km의 강풍을 견디는 실험에 성공했어요.

둘. 축축한 건 싫어! 거꾸로 접는 우산!

비가 오는 날에는 우산을 접은 뒤에도 옷이나 물건이 비에 젖은 면이 닿아 축축해지기 쉬워요. 거꾸로 접는 우산은 일반 우산과 달리 우산을 접으면 빗물에 젖은 면이 안쪽으로 들어가고, 젖지 않은 면이 바깥으로 나와 옷에 빗물이 닿지 않아요.

셋. 찌그러진 우산도 있다?! 센즈 우산!

모양이 대칭인 일반적인 우산과 달리, 센즈 우산은 앞쪽은 짧고 뒤로 갈수록 길어지는 모양이에요. 강한 비바람이 앞에서 불 때는 길이가 짧은 쪽을 방패처럼 들어요. 우산의 독특한 모양을 따라 바람을 뒤로 흘려보낼 수 있어요.

〝 양산과 우산, 무엇이 다를까? 〞

　양산과 우산은 모양이 비슷하지만, 기능에 따라 다른 천으로 만들어요. 우산은 빗물이 새지 못하도록 더 촘촘하게 된 천을 사용하고, 양산은 자외선을 차단하는 천으로 만든다는 점이 달라요. 햇빛이 강할 때 양산을 쓰면 체감온도를 약 10℃ 낮출 수 있고, 피부 질환도 예방할 수 있어요.

　양산을 고를 때는 색깔을 확인해야 해요. 흰색은 빛을 반사하고, 검은색은 빛을 흡수하기 때문이에요. 양산의 안쪽이 흰색이면 땅으로부터 올라오는 열을 반사해 양산을 들고 서 있는 사람에게 전달해요. 따라서 양산의 안쪽은 빛을 흡수하는 검은색, 양산의 바깥쪽은 빛을 반사해 밖으로 튕겨 내는 흰색인 것이 좋아요.

　우산도 양산만큼은 아니지만 자외선을 일부 차단해 주는 역할을 해요. 흰색 우산은 약 77%의 자외선을 차단하고, 검은색 우산은 90% 정도의 자외선을 차단해요. 양산이 없어 우산으로 햇빛을 가려야 한다면 검은색 우산이 더 효과적이에요.

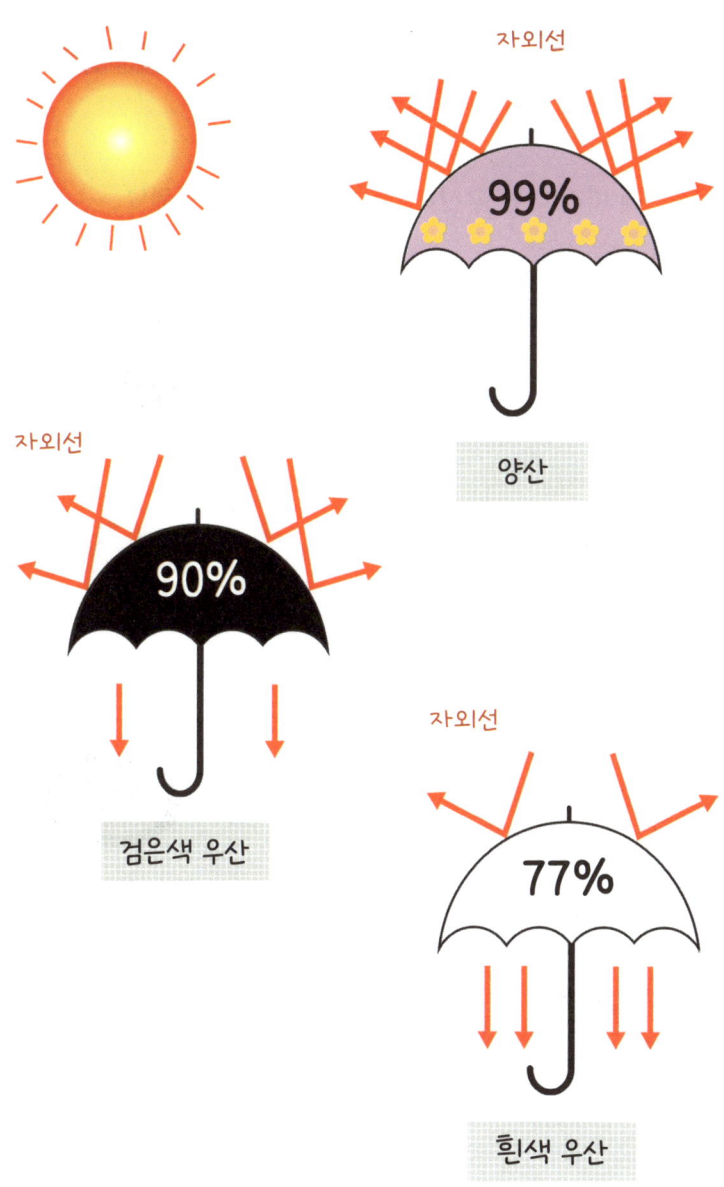

수학 UP! 문해력 UP! 읽고 풀어 봐~!

1. 상황에 따라 어떤 우산이 적절한지 연결해 보세요.

① "오늘 비가 올 수도 있대. 혹시 모르니 우산을 가져가야지."

② "강한 바람과 함께 많은 비가 온다고 해. 튼튼한 우산이 필요해."

③ "오늘 날씨는 폭염. 낮의 기온이 35℃까지 올라간대. 앗! 뜨거워."

④ "우산을 들고 다니면 옷에 물이 많이 묻게 돼. 옷이 젖는 게 싫어."

㉠

㉡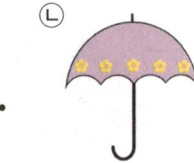

㉢

㉣

2. 맞으면 ○, 틀리면 ×를 표시하세요.

   ① 우산은 우산살이 6개인 육각형 우산이 가장 많다. (　　)
   ② 오래전 우산은 지위가 높은 사람들이 쓰는 물건이었다.
      (　　)
   ③ 우산살 개수가 많을수록 우산이 튼튼하다. (　　)
   ④ 우산살을 아무리 많아도 20개를 넘게 만들 수는 없다.
      (　　)
   ⑤ 흰색 우산이 검은색보다 자외선을 더 많이 차단한다. (　　)

3. 아래의 우산은 대칭이 아닌 모양이에요. 왜 이런 모양으로 만들었는지 이런 모양 우산의 특징을 써 보세요.

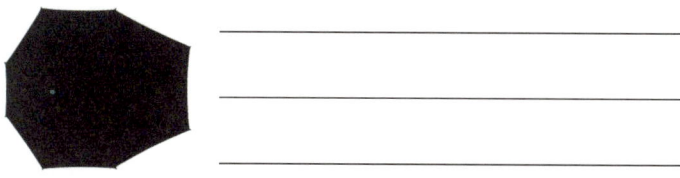

4. 대부분의 우산의 우산살이 8개인 이유를 써 보세요.

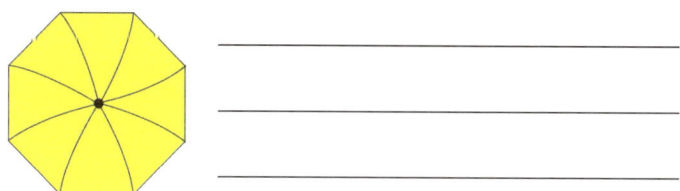

정답

1. ①-㉣, ②-㉢, ③-㉡, ④-㉠

2. ×, ○, ○, ×, ×

3. 강한 비바람이 앞에서 불 때는 길이가 짧은 쪽을 방패처럼 들어 사용한다. 우산의 독특한 모양을 따라 바람을 뒤로 흘려 보낼 수 있다.

4. 우산살이 6개면 천을 팽팽하게 만들기 어렵고, 우산살이 10개 이상이면 우산이 무거워져서 우산살이 8개인 우산이 가장 흔하다.

색종이는 왜 모두 정사각형일까?

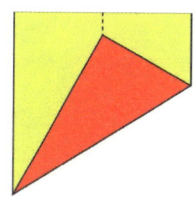

❝ 색종이의 크기가 여러 가지가 있다고? ❞

우리나라에서는 1972년 '종이나라' 회사에서 처음으로 색종이를 만들어 팔기 시작했어요. 가장 흔히 사용하는 색종이는 '정사각형' 색종이예요. 가로와 세로의 길이가 15cm인 색종이가 가장 많아요.

하지만 모든 색종이 크기가 다 똑같은 건 아니에요. 가로와 세로 길이가 7.5cm로 일반 색종이보다 작은 색종이도 있어요. 종이학을 접을 때 주로 사용하는 색종이는 가로와 세로가 모두 5cm인 정사각형으로 그보다 더 작아요. 반대로, 가로와 세로 길이가 모두 30cm로 일반 색종이보다 넓이가 4배나 큰 색종이도 있어요.

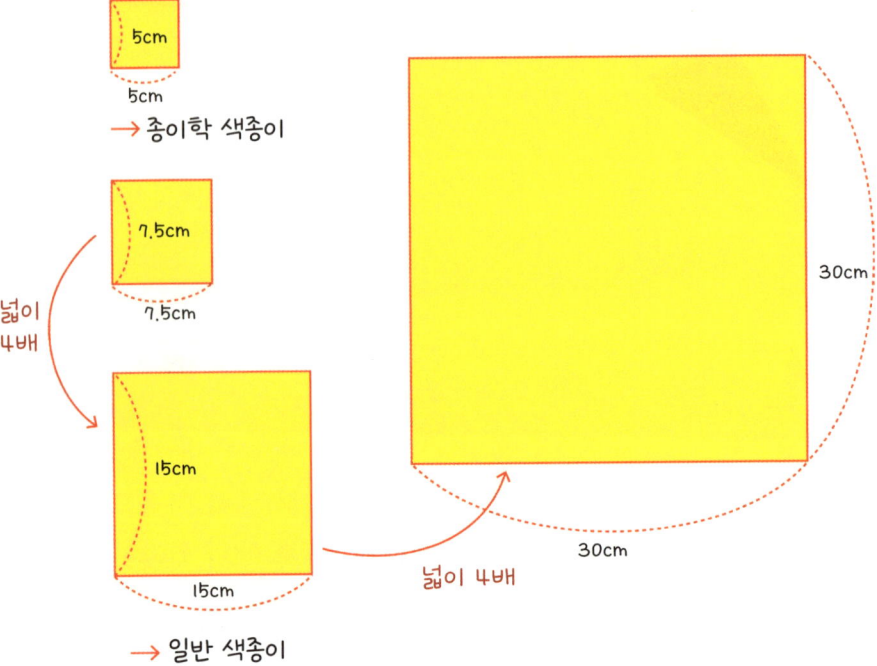

가로와 세로 길이는 일반 색종이와 비교하면 2배가 되었는데, 왜 넓이는 4배가 되었을까요? 어떤 도형의 넓은 정도를 '넓이'라고 해요. 정사각형의 넓이는 '(가로) × (세로)'로 구해요.

가로와 세로가 각각 1cm인 정사각형의 넓이는 1이지만, 가로와 세로가 각각 2cm인 정사각형의 넓이는 2 × 2 = 4예요. 가로와 세로 길이는 2배가 되었지만, 넓이는 4배가 되었어요. 길이가 2배 늘어나면 넓이는 4배, 길이가 3배 늘어나면 넓이는 9배가 되는 거예요.

가로와 세로가 모두 15cm인 색종이는 가로와 세로가 모두 7.5cm인 색종이 4개의 크기와 같아요. 또, 가로와 세로가 각각 30cm 색종이의 넓이는 가로와 세로가 모두 15cm인 색종이 4개의 크기와 같아요.

교과서 속 수학 개념!

여러 가지 정사각형 색종이의 넓이와 둘레

여러 가지 정사각형 색종이의 넓이와 둘레를 계산해 보면 다음과 같아요.

색종이 종류	한 변의 길이	둘레	넓이
	5cm	5+5+5+5 =20cm	5×5= 25cm^2
	7.5cm	7.5+7.5+7.5 +7.5=30cm	7.5×7.5 =56.25cm^2
	15cm	15+15+15+ 15=60cm	15×15 =225cm^2

초5 ·· 다각형의 넓이와 둘레

왜 색종이는 대부분 정사각형 모양일까?

사각형의 종류는 다양해요. 직사각형, 정사각형, 사다리꼴, 평행사변형, 마름모 등이 있어요. 그중에서도 색종이는 왜 하필 정사각형이 많을까요?

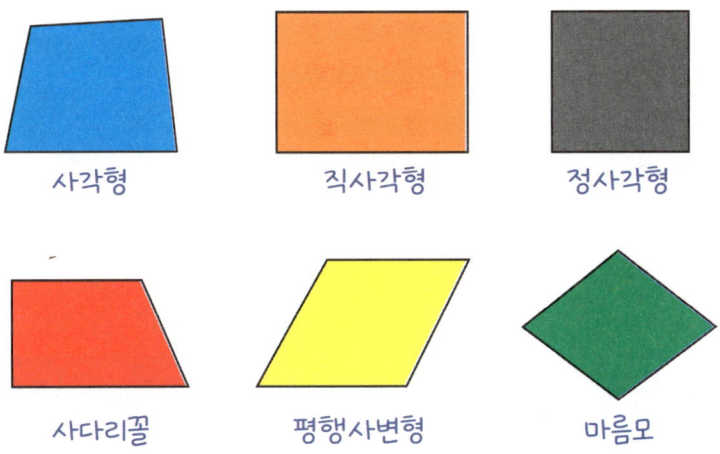

위의 도형은 모두 네 개의 변과 네 개의 각으로 이뤄진 사각형이에요. 각각의 특징에 따라 불리는 이름이 모두 달라요. 네 각이 모두 직각인 사각형은 '직사각형', 네 각이 모두 직각이면서 네 변의 길이가 모두 같은 사각형은 '정사각형'이에요.

마주 보는 한 쌍의 변이 평행인 사각형은 '사다리꼴', 마주 보는 두 쌍의 변이 평행인 사각형은 '평행사변형', 네 변의 길이가 같은 사각형은 '마름모'라고 해요.

이 많은 사각형 중에서 정사각형 모양의 색종이가 가장 많이 쓰이는 이유는 반으로 접었을 때 완전히 겹쳐지는 경우의 수가 많기 때문이에요.

한 직선을 따라 접을 때 완전히 겹쳐지는 도형을 '선대칭도형'이라고 해요. 이때, 그 직선을 '대칭축'이라고 하지요. 정사각형은 사각형 중에서 대칭축이 가장 많은 도형이에요.

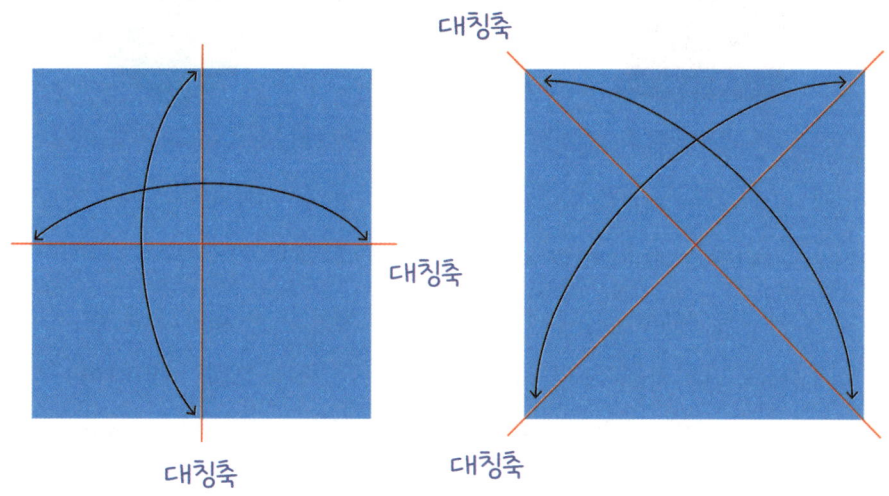

정사각형 색종이를 가로로 반을 접으면 완진히 겹쳐지고, 세로로 반을 접어도 완전히 겹쳐져요. 대각선으로 접어도 마찬가지예요. 즉, 정사각형의 대칭축은 4개인 거예요. 마름모와 직사각형은 가로와 세로로 접으면 완전히 겹쳐지므로 대칭축이 2개예요. 사다리꼴과 평행사변형은 대칭축이 없기도 해요.

대칭축이 많아야 완전히 겹쳐지는 경우가 많고, 그래야만 접었을 때 다양한 모양을 만들 수 있어요. 색종이로 종이접기를 해 아주 많은 모양을 접을 수 있는 건 바로 색종이가 사각형 종이 중에 대칭축이 많은 정사각형이기 때문이에요.

" 색종이로 여러 가지 도형을 접어 보자! "

정사각형 색종이로 여러 가지 도형 접기를 할 수 있어요. 색종이 넓이의 $\frac{1}{2}$ 인 직사각형과 정삼각형 접기를 해 봐요!

1. 색종이 넓이의 $\frac{1}{2}$ 인 직사각형 접기

난이도 ★

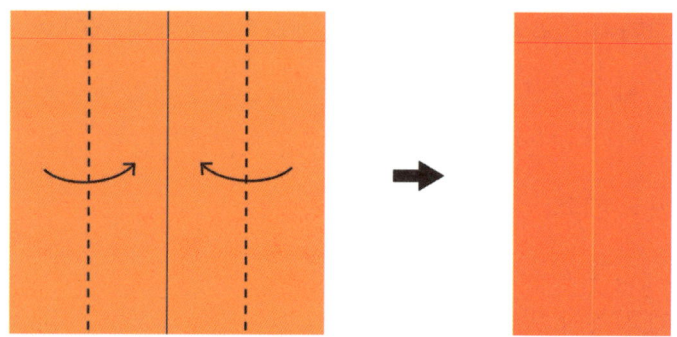

① 색종이를 세로로 절반 접었다 펴요.
② 가운데에 생긴 선을 중심으로 문을 닫듯 양쪽을 접어요.

2. 색종이 넓이의 $\frac{1}{2}$ 인 정사각형 접기

난이도 ★

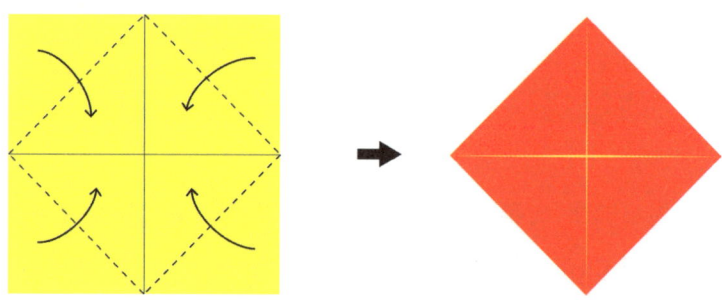

① 색종이를 가로로 한 번, 세로로 한 번 접었다 펴요.
② ①에서 생긴 선에 맞춰 색종이의 각 꼭짓점을 접어요.

3. 마름모 접기

난이도 ★★

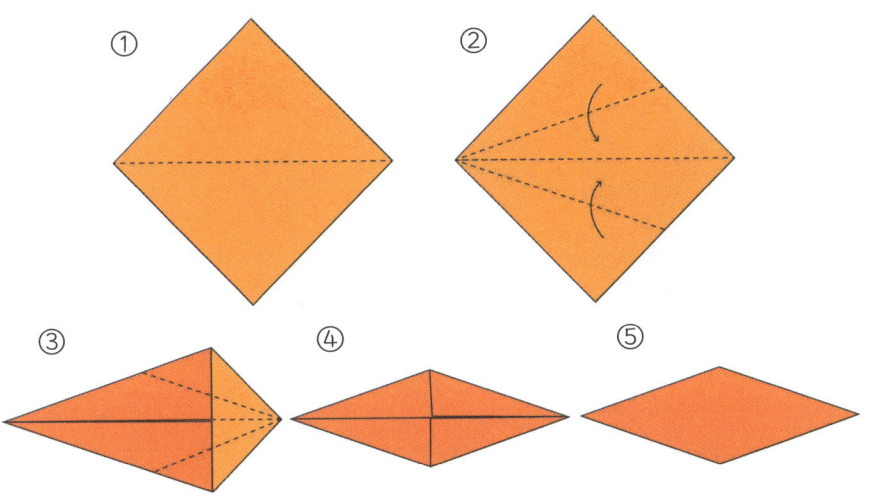

① 색종이를 삼각형이 되도록 반을 접어요.
② ①에서 접은 선에 맞추어 그림과 같이 접어요.
③ 반대편도 ④와 같이 되도록 접어요.
⑤ 마름모 완성!

4. 정삼각형 접기

난이도 ★★★

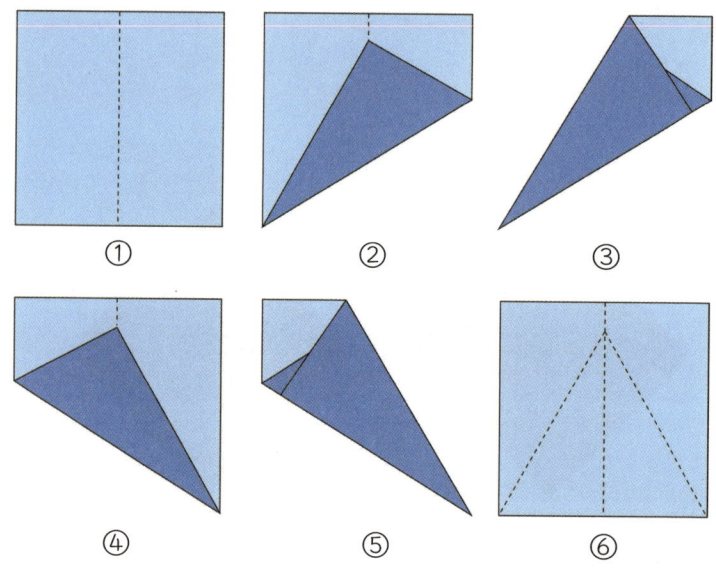

① 색종이를 반으로 접어요.

② 그림과 같이 색종이의 꼭짓점이 접은 선에 닿도록 접어요.

③ 그림과 같이 나머지 부분을 접어요.

④ 종이를 편 다음, 반대편도 같은 방법으로 접어요.

⑤ ⑥번과 같은 방법으로 접어요.

⑥ 점선을 따라 접으면 정삼각형 완성!

수학 UP! 문해력 UP! 읽고 풀어 봐~!

1. 다음과 같이 한 변의 길이가 5cm인 색종이와 15cm인 색종이가 있어요. 빈칸에 알맞은 수를 써넣어 보세요.

㉠ 한 변의 길이 : 5cm　　㉡ 한 변의 길이 15cm

한 변의 길이가 15cm인 색종이는 한 변의 길이가 5cm인 색종이보다 변의 길이는 □배 큽니다. ㉠ 색종이의 둘레의 길이는 □ cm이고, ㉡ 색종이의 둘레의 길이는 □ cm입니다. ㉠ 색종이의 넓이는 □이고, ㉡ 색종이의 넓이는 □입니다. ㉡ 색종이의 넓이가 ㉠ 색종이의 넓이보다 □배 큽니다.

2. 아래 그림과 같이 색종이를 접어서 넓이가 $\frac{1}{2}$ 인 정사각형을 접었어요. 변의 길이는 어떻게 달라졌는지 색종이로 직접 접은 다음 자로 길이를 재 보세요.

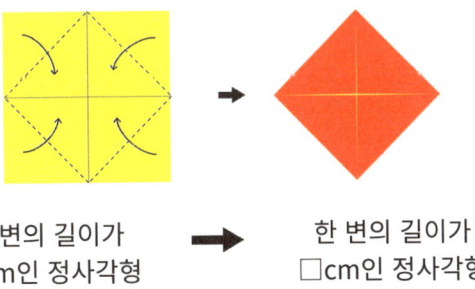

한 변의 길이가　　　　한 변의 길이가
15cm인 정사각형　　　□cm인 정사각형

3. 어떤 도형을 접은 것인지 써 보세요.

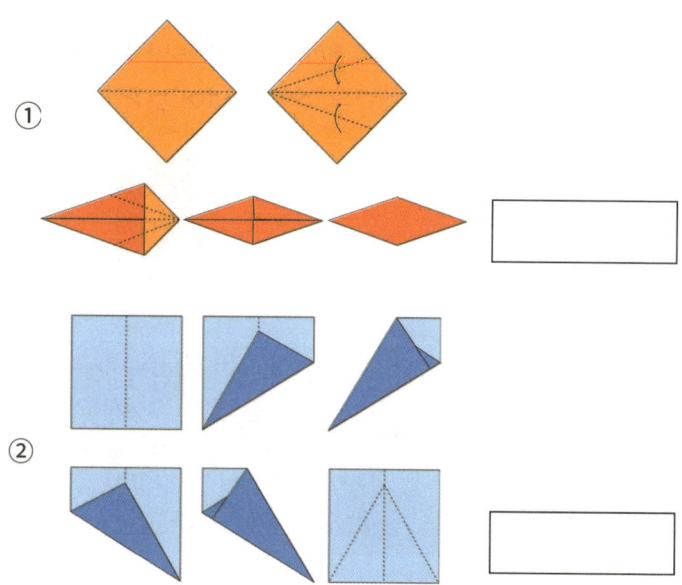

4. 색종이 모양이 정사각형이 많은 이유를 써 보세요.

_____

_____

정답

1. 3, 20, 60, 25, 225, 9

2. 약 10.6cm

3. ① 마름모, ② 정삼각형

4. 대칭축이 많아야 완전히 겹쳐지는 경우가 많고, 그래야만 접었을 때 다양한 모양을 만들 수 있다. 정사각형은 사각형 중 대칭축이 가장 많은 사각형이다.

> 03.
> 온종일 도는
> 팽이가 있다고?

❝ 팽이는 어떻게 넘어지지 않고 계속 돌까? ❞

팽이의 매력은 오랜 시간 넘어지지 않고 뱅글뱅글 도는 거예요. 뾰족한 부분만을 땅에 대고도 균형을 잡지요. 팽이가 쓰러지지 않고 도는 비결은 '회전 관성'이라는 힘이 있기 때문이에요. 멈춰 있는 물체는 계속 멈춰 있으려 하고, 운동하고 있는 물체는 계속 운동하려는 성질을 '관성'이라고 해요. 회전 관성이란 물체가 회전하는 상태를 계속 유지하려는 성질을 말해요.

팽이를 돌리기 위해 힘을 한 번 주면 팽이는 뾰족한 부분으로 균형을 잡으면서 돌기 시작해요. 돌고 있는 팽이는 외부에서 다른 힘이 가해지지 않는 한 회전 관성 때문에 계속 돌아요. 그러다 땅과 팽이 사이의 마찰력 때문에 차츰 느려지다가 멈추게 돼요. 표면이 매끈하면 마찰력이 작고, 거칠고 울퉁불퉁하면 마찰력이 커져요. 이때 마찰력이란 한 물체가 다른 물체와 맞닿은 상태에서 움직일 때 그 물체의 움직임을 방해하는 힘을 말해요.

얼음 위에서 화려하게 회전하는 피겨 스케이팅 선수를 떠올려 봐요. 날카로운 스케이트 신발을 신고도 팽이처럼 뱅글뱅글 돌 수 있는 이유는 매끄러운 얼음 표면이 맨땅에 비해 마찰력이 작기 때문이에요. 마찰력이 큰 운동장에서는 얼음에서처럼 돌 수 없어요.

> 생활 속 꿀팁!

생활 속 '관성'을 찾을 수 있는 곳은?

① 달리던 버스가 갑자기 멈추면 몸이 쏠려요.

달리던 버스가 갑자기 멈추면 상태를 그대로 유지하려는 관성에 의해 몸이 앞으로 쏠리는 일이 일어나요.

② 자전거 바퀴가 돌면서 앞으로 나가요.

자전거 바퀴가 처음 회전하기 시작하면 일정한 방향으로 계속 회전하려는 관성 때문에 계속 앞으로 나가요.

"오래 도는 팽이 만드는 방법은 무엇일까?"

팽이 대결을 위해 오래 도는 팽이를 만들고 싶나요? 어떻게 만들어야 더 오래 도는 팽이가 되는지 만드는 비결을 알려 줄게요.

비결 1. 공기 저항이 적어야 해!

오래 도는 팽이를 만들려면 공기 저항을 최대한 덜 받는 게 유리해요. 공기 저항은 물체가 공기에 부딪힐 때 공기가 물체의 움직임을 방해하는 것을 말해요. 삼각형이나 사각형 등 각진 도형보다는 각이 없는 원이 공기 저항을 덜 받아요. 대부분의 팽이가 동그란 원 모양으로 만들어진 이유예요.

비결 2. 축의 길이는 짧아야 해!

두 발을 올려놓고 캥거루처럼 통통 뛰는 놀이 기구인 '스카이 콩콩'은 발판 아랫부분이 길수록 균형을 잡기 어려워요. 발판 아랫부분이 짧을수록 무게중심이 땅과 가까워서 쓰러지지 않고 균형을 잘 잡을 수 있어요. 무게중심은 물체가 지닌 무게의 중심점으로, 어느 쪽으로도 넘어지지 않도록 균형을 잡을 수 있는 점이에요. 같은 원리로 팽이도 축이 짧아야 무게중심이 땅과 가까워서 균형을 유지하기 쉬워요.

비결 3. 팽이 판, 무거운 게 더 좋아!

팽이가 도는 이유인 회전 관성은 팽이의 반지름이 클수록, 팽이가 무거울수록 커지는 성질이 있어요. 만약 팽이 판의 반지름이 5cm이고 무게는 100g인 팽이와 반지름이 10cm이고 무게가 200g인 팽이가 있다고 가정해 봐요. 같은 힘으로 두 팽이를 동시에 돌리면 반지름 10cm, 무게 200g인 팽이가 더 오래 돌아요.

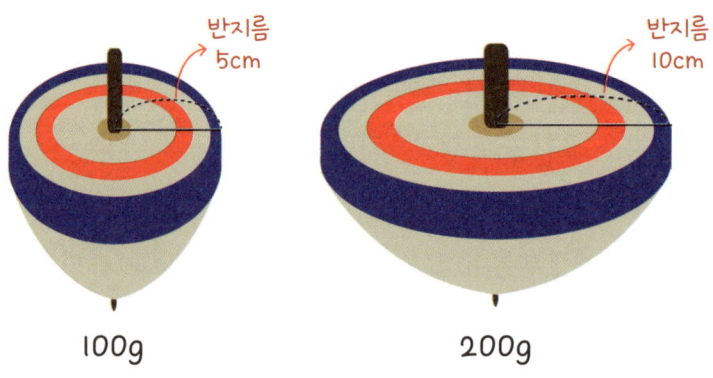

교과서 속 수학 개념!

팽이로 배우는 입체도형, '회전체'

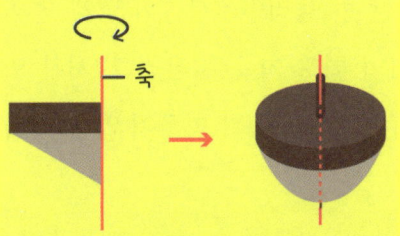

직사각형에 직각삼각형을 붙인 평면도형을 축을 기준으로 회전하면 위의 그림과 같은 팽이가 돼요. 이렇게 직선인 축을 기준으로 한 바퀴 회전했을 때 생기는 입체도형을 '회전체'라고 해요. 직사각형을 회전하면 원기둥이, 직각삼각형을 회전하면 원뿔이 만들어져요. 또 반원을 회전하면 구가 돼요. 원기둥, 원뿔, 구는 모두 회전체랍니다.

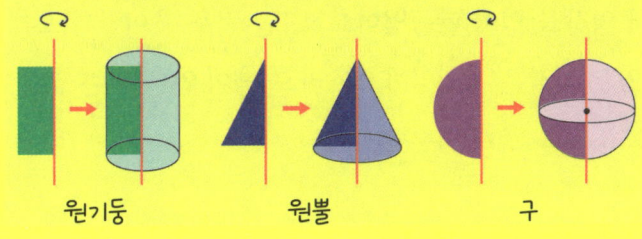

〝팽이는 얼마나 오래 돌 수 있을까?〞

팽이를 한 번 돌리면 얼마나 오랜 시간 돌까요? 세상에서 가장 오래 돌아 기네스북에 오른 팽이가 있어요. '림보'라는 팽이는 한 번 돌리면 4시간이 넘게 멈추지 않고 돌아요. 림보 팽이의 최고 기록은 무려 27시간 9분 24초나 돼요. 하루가 지나도록 팽이가 멈추지 않은 거예요.

림보 팽이는 영화 '인셉션'에 나오는 '멈추지 않는 팽이'에서 영감을 얻어 만들었어요. 그럼 림보가 이렇게 오래 돌 수 있는 비결은 무엇일까요? 바로 팽이 안에 있는 작은 '자이로스코프' 센서 덕분이에요.

자이로스코프는 회전축의 방향을 자유롭게 바꿀 수 있도록 만들어진 장치예요. 팽이가 기울어지면서 센서도 기울어지면 자이로스코프가 축의 방향을 바꿔 균형을 유지해요. 팽이와 맞닿은 바닥이 기울어져도 팽이는 넘어지지 않아요. 자이로스코프는 게임기나 휴대전화, 로켓이나 로봇 등을 만들 때도 사용돼요. 스스로 움직임을 감지해 균형을 잡는 역할을 해요.

생활 속 꿀팁!

거꾸로 도는 팽이도 있다고?

거꾸로 도는 팽이가 있어요. 거꾸로 도는 팽이의 막대 부분을 잡고 돌리면 처음에는 휘청거리다가 거꾸로 뒤집힌 채로 돌아요.

팽이는 무게중심이 어느 정도 위쪽에 있어야 안정적으로 잘 돌아요.

그런데 이 팽이는 팽이의 위쪽 부분이 아래쪽의 동그란 부분보다 무거워요. 막대 부분을 잡고 돌리면 잘 돌다가 무게중심이 위쪽에 위치하도록 뒤집어져 돌아가는 것이에요.

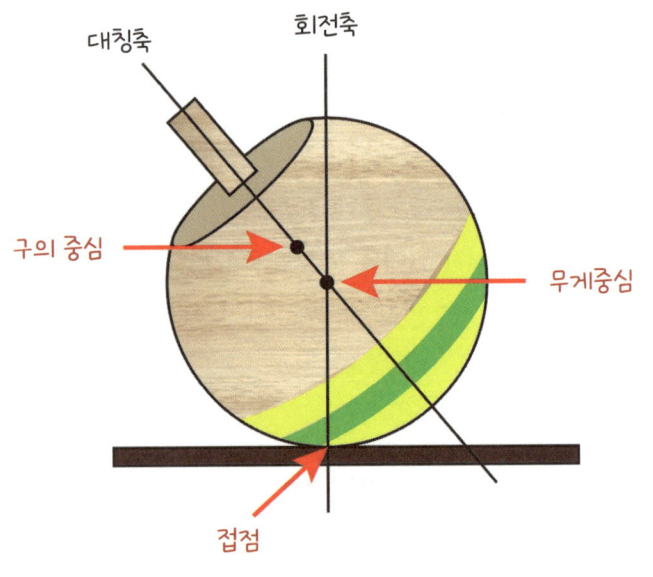

수학 UP! 문해력 UP! 읽고 풀어 봐~!

1. 다음 글에서 빈칸에 들어갈 단어를 순서대로 쓰세요.

   > 팽이가 쓰러지지 않고 도는 비결은 ①□□ □□이라는 힘이 있기 때문이에요. 물체가 회전하는 상태를 계속 유지하려는 성질을 말해요.
   > 팽이를 돌리기 위해 힘을 한 번 주면 팽이는 뾰족한 부분으로 균형을 잡으면서 돌기 시작해요. 그러다 땅과 팽이 사이의 ②□□□ 때문에 차츰 느려지다가 멈추게 돼요.

   ① _____ , ② _____

2. 달리던 버스가 갑자기 멈추면 몸이 앞으로 쏠리는 이유는 무엇인가요?

   _____

3. 오래 도는 팽이를 만드는 방법을 설명한 것이에요. 맞으면 ○, 틀리면 ×를 표시하세요.
   ① 팽이 판의 모양은 사각형보다는 원일 때 공기 저항을 덜 받아 더 잘 돈다. (   )
   ② 팽이의 축이 길수록 균형을 잘 잡아 오래 돈다. (   )
   ③ 팽이 판의 무게는 무거운 것보다 가벼운 것이 잘 돈다. (   )
   ④ 팽이의 무게중심은 땅에서 가까워야 균형을 잘 잡는다. (   )

4. 아래 입체도형 중 '회전체'인 것을 모두 고르세요.

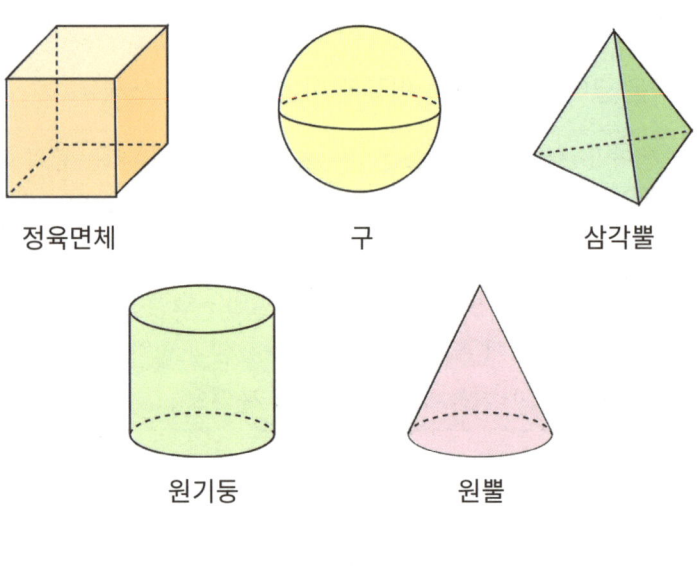

_____

5. 거꾸로 도는 팽이는 어떻게 돌다가 뒤집혀서 도는 걸까요? 이유를 써 보세요.

_____

_____

_____

정답

1. ① 회전 관성, ② 마찰력

2. 달리던 버스가 갑자기 멈추면 상태를 그대로 유지하려는 관성에 의해 몸이 앞으로 쏠리는 일이 일어난다.

3. ○, ×, ×, ○

4. 구, 원기둥, 원뿔

5. 팽이는 무게중심이 어느 정도 위쪽에 있어야 안정적으로 잘 돈다. 그런데 이 팽이는 팽이의 위쪽 부분이 아래쪽의 동그란 부분보다 무거워 막대 부분을 잡고 돌리면 잘 돌다가 무게중심이 위쪽에 위치하도록 뒤집어져 돌아가는 것이다.

04. 선풍기 날개가 많을수록 더 시원할까?

『 선풍기와 공기 순환기, 어떻게 다르지? 』

 선풍기와 생김새가 같지만 기능이 다른 여름 가전제품이 있어요. '공기 순환기(Air Circulator)'예요. '서큘레이터'라고도 부르지요. 선풍기와 공기 순환기는 모두 날개가 달려 있어요. 모터가 날개를 회전시켜 바람을 일으킨다는 점, 에어컨과 달리 스스로 차가운 바람을 만들지 못한다는 점이 같아요. 그럼 선풍기와 공기 순환기의 차이점은 무엇일까요?

선풍기는 전기의 힘으로 내부에 있는 모터를 회전시켜요. 모터가 날개를 회전시키며 바람을 만들지요. 이렇게 만들어진 바람은 직선으로 짧게 뻗어 나가요. 바람이 멀리까지 도달하지는 못하므로 선풍기와 가까이에 있어야만 시원함을 느낄 수 있어요.

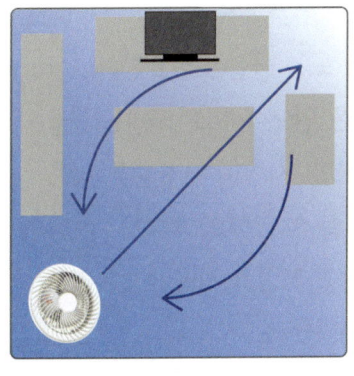

공기 순환기

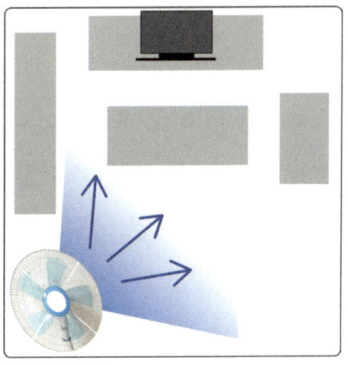

선풍기

반면 공기 순환기는 날개 뒤쪽에서 공기를 빨아들여 압축시킨 다음, 모터로 공기를 강하게 회전시켜 회오리바람을 일으켜요. 바람을 직선으로 더 멀리 쏘아 보내지요. 천장이나 벽에 부딪힌 바람이 다시 돌아오면서 실내 공기가 순환하는 거예요.

생활 속 꿀팁!

여름철 실내 적정 온도는 25~28°C

무더위에는 스스로 시원한 바람을 만들어 내는 에어컨이 가장 효과적이에요. 에어컨은 물이 증발할 때 주위 공기의 열을 빼앗아 공기가 시원해지는 원리를 이용한 기계예요.

이때 액체에서 쉽게 기체로 되는 물질이 필요한데, 이를 '냉매'라고 해요. 에어컨은 암모니아와 프레온 등을 냉매로 사용해요. 에어컨을 오래 사용하거나 너무 낮은 온도로 설정하면 냉방병에 걸릴 수 있어요. 따라서 여러 종류의 냉방 가전의 기능을 알고 적절히 사용해 실내 온도를 25~28도로 유지하는 것이 좋아요.

❝ 선풍기 날개 모양, 개수에 따라 바람이 다를까? ❞

선풍기를 살펴보면 날개의 모양도, 개수도 다르다는 걸 알 수 있어요. 날개의 모양과 개수가 달라지면 바람도 달라지기 때문이에요.

하나, 날개가 많으면 바람은 부드러워진다!

일반적으로 선풍기의 날개는 3~5개예요. 날개가 많다고 더 시원한 것은 아니에요. 날개가 많아지면 오히려 날개 사이의 공간이 좁아져서 공기가 움직이는 속도가 느려지고 바람의 세기가 줄어들어요.

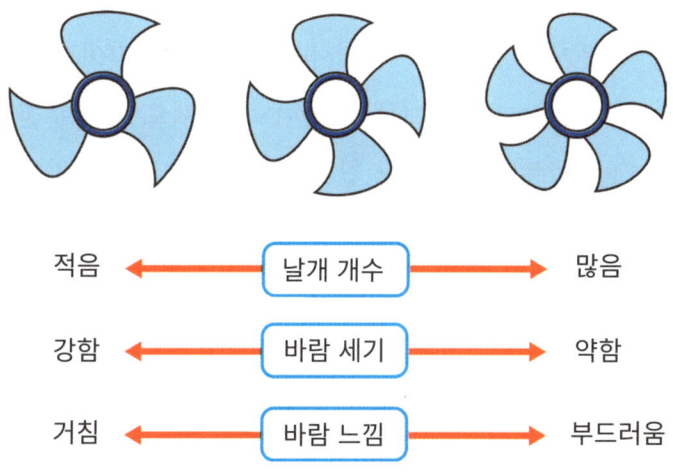

선풍기의 날개가 3개면 1번 회전할 때 바람을 3번으로 나눠서 밀어내고, 날개가 5개면 바람을 5번으로 나눠서 보내요. 바람을 나눠 보낸다는 것은 공기를 그만큼 촘촘하고 잘게 쪼개서 밀어내는 것이에요. 따라서 선풍기의 날개가 많을수록 바람이 더 부드럽게 느껴져요. 자연에서 불어오는 바람도 나무에 부딪히면서 여러 번 나뉘어요. 그래서 날개가 많은 선풍기 바람이 자연 바람과 더 비슷하게 느껴지는 거예요.

둘, 날개가 휘어질수록 바람은 멀리 간다!

선풍기 날개는 평평하지 않고 휘어져 있어요. 선풍기 앞쪽으로 공기를 밀어내기 위해서예요. 날개가 많이 휘어져 있으면 바람을 더 멀리 보낼 수 있어요. 대체로 공기 순환기의 날개는 선풍기 날개보다 훨씬 더 휘어져 있어요. 이 때문에 공기 순환기의 바람이 선풍기보다 더 멀리 가요.

셋, 안전망 모양도 다르다!

선풍기나 공기 순환기의 날개를 덮는 안전망의 모양에 따라서도 바람이 달라져요. 대부분의 선풍기 안전망은 직선 모양으로 되어 있어요. 직선 모양의 안전망을 통과한 바람은 그 모양대로 넓게 흩어지지요.

반면 공기 순환기의 안전망은 소라 껍데기 같은 나선형으로 되어 있어요. 나선형 안전망을 통과한 바람은 비틀어지면서 회오리바람이 돼요. 즉 공기 순환기는 날개의 모양과 안전망의 모양으로 인해 강력한 회오리바람을 만들어요. 그래서 바람이 흩어지지 않고 뭉쳐서 멀리 나가요.

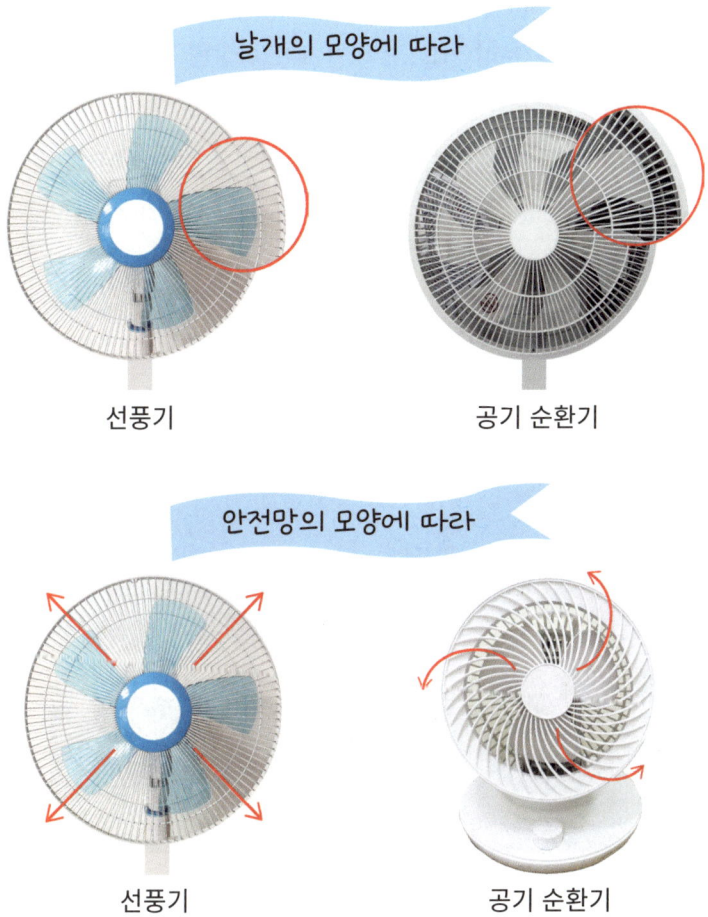

> 생활 속 꿀팁!

풍력 발전기의 날개는 3개

자연의 바람으로 풍차를 돌려 에너지를 얻는 풍력 발전기의 날개는 대부분 3개로 만들어져요. 날개 하나의 길이는 약 50m로 무척 커요. 날개가 4개 이상일 경우 날개의 무게를 기둥이 지탱하기가 어려워요.

또 날개가 2개일 때는 회전이 불규칙하고 진동이 더 많이 생겨요. 그래서 풍력 발전기의 날개는 3개일 때가 가장 안정적이에요.

> **날개 없는 선풍기에서 어떻게 바람이 나오지?**

2009년 영국의 한 전자 제품 회사에서 날개 없는 선풍기를 만들어 세상에 선보였어요. 가운데가 뻥 뚫린 고리 모양이고, 원통 모양의 기둥이 받치고 있었어요.

날개 없는 선풍기의 원기둥 받침대에는 비행기 제트 엔진의 원리가 쓰였어요. 비행기에 사용되는 제트 엔진은 날개를 돌려 바깥 공기를 안으로 빨아들이는 역할을 해요. 바깥 공기가 비행기 연료와 만나면서 고온의 기체를 만드는데, 이 기체를 밖으로 내보내면서 비행기가 앞으로 나아가요.

날개 없는 선풍기의 받침대에 들어 있는 작은 모터와 날개는 제트 엔진처럼 바깥에 있는 공기를 빨아들이는 역할을 해요. 받침대에서 빨아들인 공기는 위쪽의 동그란 고리 내부로 이동해요.

둥근 모양을 따라 빠르게 이동하며 강해진 공기가 고리 안쪽에 있는 작은 틈으로 빠져나오면서 처음 빨아들인 것

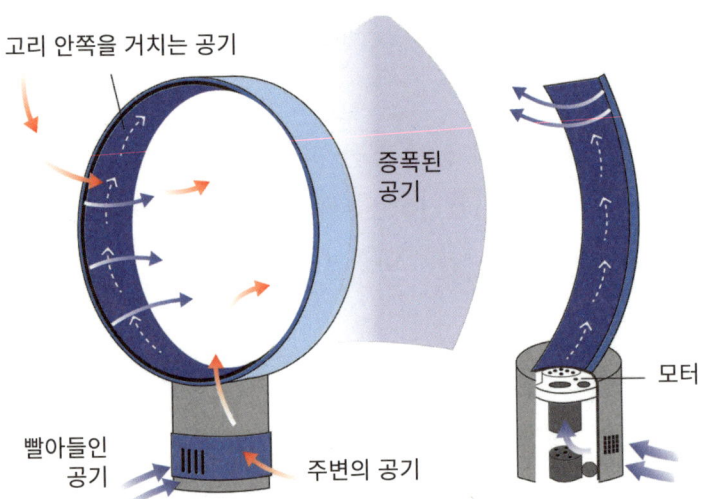

보다 15배나 강한 바람이 나와요. 또 주변의 공기도 고리를 통과하면서 바람이 더 증폭돼요.

날개 없는 선풍기는 여러 면에서 편리한 점도 많아요. 고리와 모터만 분리하면 보관도 편하고, 날개에 먼지가 쌓일 일도 없어 위생적이고 청소하기에도 간편해요. 또 겉으로 보이는 돌아가는 날개가 없어 날개에 손가락을 넣어 다칠 염려도 없어요.

일정한 바람의 세기를 만들 수 있어 바람이 훨씬 부드럽다는 것도 장점이에요. 선풍기는 바람개비처럼 날개가 돌면서 바람을 만들기 때문에 불규칙한 바람이 불어요. 날개 없는 선풍기는 날개 있는 선풍기보다 균일하게 바람이 불어서 안정감도 있어요.

교과서 속 수학 개념!

초6 :: 원기둥

생활 속에서 찾은 원기둥

원기둥은 위와 아래의 면이 서로 평행하고, 합동인 원으로 되어 있는 입체도형이에요. 생활 속에서 찾을 수 있는 원기둥 모양으로는 음료수 캔, 통조림 캔, 두루마리 휴지 등이 있어요.

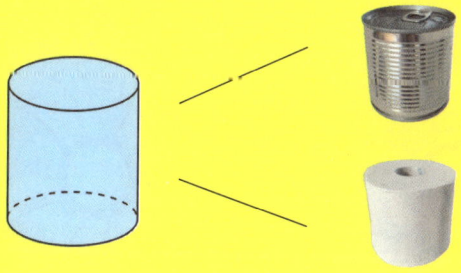

수학 UP! 문해력 UP! 읽고 풀어 봐~!

1. 공기 순환기와 선풍기에 대한 설명이에요. 맞으면 ○, 틀리면 ×를 표시하세요.
   ① 선풍기와 공기 순환기 모두 날개를 회전시켜 바람을 일으킨다. ( )
   ② 공기 순환기가 선풍기보다 바람이 멀리 나간다. ( )
   ③ 공기 순환기는 에어컨과 같은 방법으로 차가운 바람을 스스로 만든다. ( )
   ④ 공기 순환기는 모터로 공기를 강하게 회전시켜 회오리바람을 일으킨다. ( )
   ⑤ 선풍기는 가까운 곳에 바람을 직선으로 보낸다. ( )

2. 다음 두 선풍기의 날개를 보고, 특징을 정리한 것이에요. 빈칸에 들어갈 적절한 말을 찾으세요.

   ㉠　　　　　　　　㉡

ⓒ 선풍기가 ⓐ 선풍기보다 날개 개수가 많아요.
날개 개수가 많을수록 바람이 (   ).
또 날개 개수가 많을수록 바람의 느낌은 (   ).

① 강해요, 부드러워요. ② 강해요, 거칠어요.
③ 약해요, 부드러워요. ④ 약해요, 거칠어요.

3. 아래 그림의 날개와 안전망의 모양을 보고 선풍기인지, 공기 순환기인지 쓰세요.

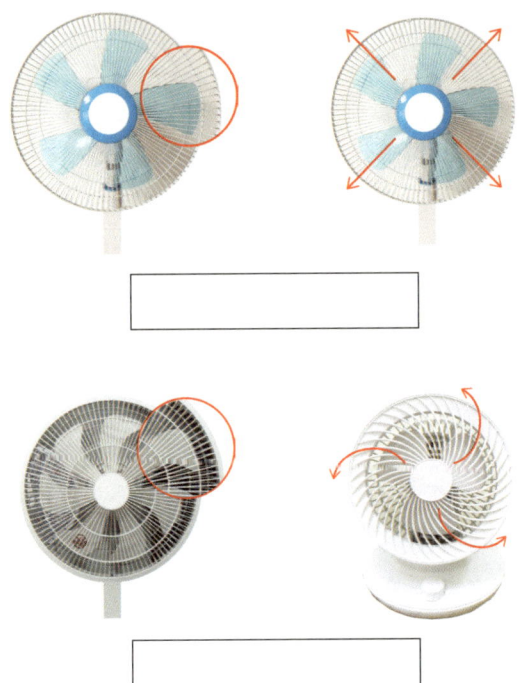

4. 날개 없는 선풍기의 좋은 점 두 가지를 써 보세요.

① _____

② _____

정답

1. ○, ○, ×, ○, ○

2. ③

3. 선풍기, 공기 순환기

4. ① 고리와 모터만 분리하면 보관도 편하다.
   ② 날개가 없어서 어린이들이 날개에 손을 넣어 다칠 위험도 적다.

05. 왜 나라마다 콘센트 모양이 다를까?

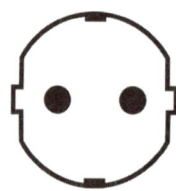

󠁢󠁢 콘센트 모양, 왜 나라마다 다를까? 󠁢󠁢

해외여행을 가서 전기 제품을 사용하다 보면 우리나라와 전기 콘센트 모양이 다른 걸 발견할 때가 있어요. 우리나라 콘센트의 모양은 동그란 모양이에요. 다른 나라의 콘센트는 네모 모양인 경우도 있고, 또 다른 모양도 있어요.

콘센트 모양은 나라마다 달라요. 1800년대 후반, 가정에서 전기를 사용하게 되면서 전 세계의 전기 제품 회사들은 각기 다른 모양으로 플러그와 콘센트를 개발하게 되었어요. 당시에는 사람들이 해외로 여행을 하는 경우가 흔하지 않았기 때문에 콘센트의 모양이 달라도 불편함을 느끼지 못했어요. 하지만 나라 사이의 교류가 활발해지면서 각기 다른 플러그와 콘센트 모양으로 불편해지는 일이 생기기 시작했어요.

1970년대에 국제전기전자표준위원회(IEC)는 플러그와 콘센트의 모양을 통일하려고 했지만, 이미 수많은 나라에서 여러 가지 모양의 콘센트와 플러그가 만들어진 후였어요. 그래서 지금까지도 나라마다 모양이 다른 플러그와 콘센트를 사용하고 있어요.

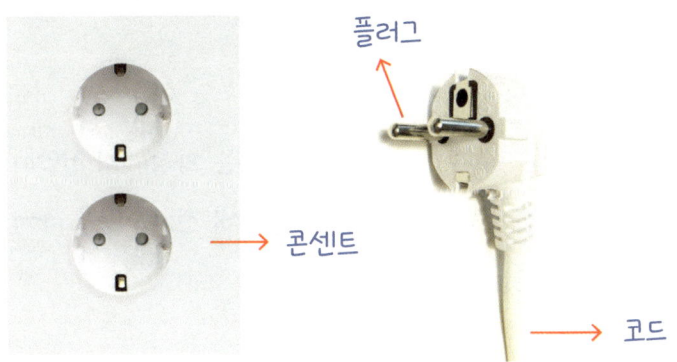

교과서 속 수학 개념!

우리나라의 표준 전압을 110V에서 220V로 바꾼 이유는?

우리나라에서는 표준 전압으로 220V를 사용하고 있어요. V(볼트)는 전기 흐름의 압력을 뜻하는 '전압'의 단위예요. 수도꼭지에서 물이 흐를 때도 물의 압력이 있듯이, 전기도 흐르는 압력이 다를 수 있어요. 그것을 수로 나타낸 것을 전압이라고 해요.

우리나라는 1995년 가정용 전기 사용을 110V에서 220V로 바꾸었어요. 220V에는 몇 가지 장점이 있기 때문이에요.

첫째, 전기 손실을 줄일 수 있어요.
전기를 만든 곳에서 가정까지 이동하는 과정에서 전압이 높은 경우 전기 손실도 줄어들기 때문에 전기 비용을 아끼는 효과를 얻을 수 있어요.

둘째, 전기 시설의 비용도 아낄 수 있어요.

110V에서 220V로 전압을 높이면 전선과 전기관의 굵기를 줄일 수 있어 전기 시설을 설치하는 비용도 아낄 수 있어요.

비용적인 면에서 220V가 110V보다 좋은 점을 갖고 있어요. 하지만 전압이 높은 220V는 안전적인 측면에서는 110V보다 감전되었을 때 위험이 좀 더 크기 때문에 전기 안전 수칙을 잘 지켜야 해요.

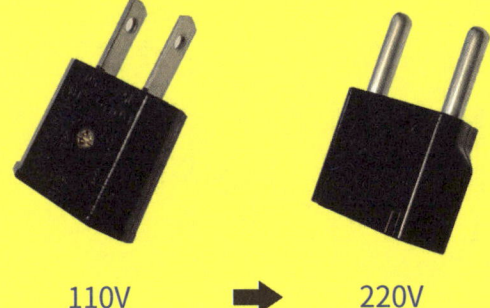

110V ➡ 220V

❝ 나라마다 다른 콘센트 모양 ❞

국제전기전자표준위원회(IEC)는 나라별로 다른 콘센트 모양을 A형부터 O형까지 15가지 종류로 구분하고 있어요.

A형	B형	C형	D형	E형

F형	G형	H형	I형	J형

K형	L형	M형	N형	O형

이중 우리나라는 C형과 F형을 사용하고 있어요. C형과 F형 모두 큰 원 안에 작은 원 2개가 있어요. 2개의 작은 구멍에는 플러그가 들어가지요. 콘센트의 두 구멍 사이의 간격은 약 19mm이고, 구멍 하나의 지름은 약 4~4.8mm예요.

C형과 F형은 비슷해 보이지만, F형 콘센트에는 양 끝에 금속으로 된 접지가 달려 있어요. 접지는 전기 사고를 막기 위해 남는 전기 에너지를 땅으로 흘려보낼 수 있는 장치를 말해요. 독일과 헝가리, 이탈리아 등의 나라에서 우리나라와 같은 C형과 F형을 쓰고 있어요.

A형과 B형 콘센트는 플러그를 꽂는 구멍이 가로는 짧고, 세로는 긴 직사각형 모양을 닮았어요. 미국과 일본 등에서 사용하지요. D형과 J형, L형, M형, N형은 모두 원 모양 구멍이 3개씩 있다는 공통점이 있지만, 구멍의 크기와 위치가 조금씩 달리요.

이처럼 나라마다 사용하는 콘센트가 달라서, 다른 나라로 여행을 갈 때는 그 나라에서 어떤 콘센트를 사용하는지 확인해야 해요. 예를 들어 A형이나 B형 콘센트를 사용하는 미국으로 여행을 간다면, C형 콘센트에 맞는 플러그를 A형에 맞게 바꿔 주는 어댑터를 준비해야 한답니다.

> 생활 속 꿀팁!

해외여행 갈 때, 어댑터를 챙기세요!

콘센트를 여러 가지 모양으로 바꿔 주는 어댑터의 모습이에요. 우리나라의 플러그를 어댑터에 끼우고, 어댑터의 플러그 중 맞는 모양을 선택해 끼우면 전기 제품을 작동시킬 수 있어요.

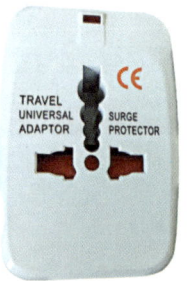 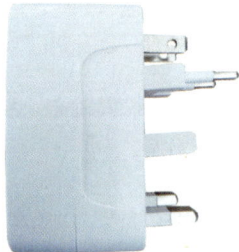

😄 어? 콘센트 구멍이 기울어져 있네? 😌

전기 콘센트를 보면 두 개의 구멍이 45°만큼 기울어져 있어요. 또 플러그 모양이 ㄱ자 모양으로 되어 있는 것도 볼 수 있어요. 콘센트 구멍이 수평으로 되어 있지 않고 기울어진 것은 플러그 모양이 ㄱ자 모양인 것과도 관련이 있어요.

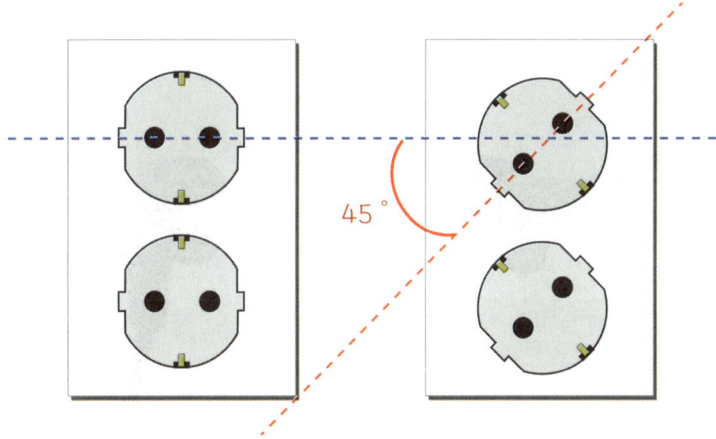

전자 제품마다 플러그의 모양도 여러 가지가 있어요. 다음의 그림과 같이 평평한 모양도 있고, ㄱ자 모양으로 된 것도 있지요. ㄱ자 모양의 플러그에는 '접지'라는 것이 있어요.

네모 모양의 금속 부분을 가리키는데, 이 접지는 전자기기에서 흘러나오는 적은 양의 전기가 땅속으로 흘러가도록 하는 역할을 해요. 감전 사고의 위험을 막기 위함이지요. 접지가 들어간 플러그는 접지가 없는 플러그보다 크기가 좀 더 크고, 분해하지 못하도록 ㄱ자 모양으로 만드는 경우가 많아요.

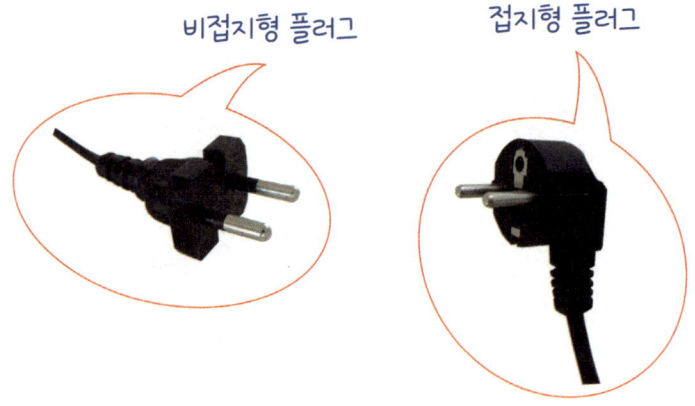

비접지형 플러그　　접지형 플러그

　ㄱ자 모양의 접지형 플러그를 콘센트에 꽂는다면 어떻게 될까요? 아래 왼쪽 그림과 같이 구멍이 수평으로 된 2구 콘센트에 먼저 접지형 콘센트를 꽂는 걸 생각해 볼게요. 첫

번째 플러그를 꽂은 다음 두 번째 플러그를 꽂을 때 ㄱ자 모양으로 플러그가 꺾여 있다 보니 선이 겹쳐 제대로 꽂을 수가 없게 돼요.

물론 아래 그림과 같이 꽂을 수도 있지만, 이러면 위쪽에 꽂은 플러그의 전선이 꺾여 전기 사고가 날 위험이 있어요.

이런 불편과 위험을 없애기 위해 두 개의 구멍을 45°로 기울이면 코드가 꺾이지 않고 플러그를 안전하게 꽂을 수 있어요.

수학 UP! 문해력 UP! 읽고 풀어 봐~!

1. 그림을 보고 알맞은 용어를 빈칸에 써 보세요.

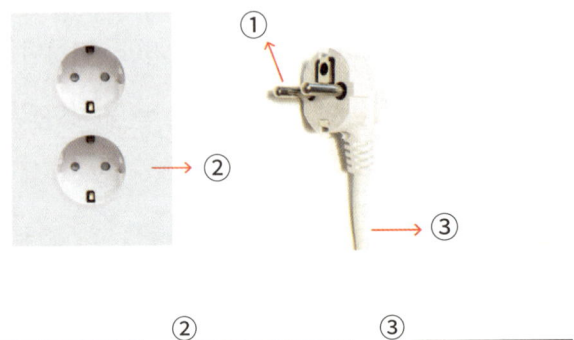

① _____ ② _____ ③ _____

2. 접지형 플러그를 왼쪽 그림과 같이 수평으로 된 2구 콘센트에 꽂으면 어떤 불편함이 있나요?

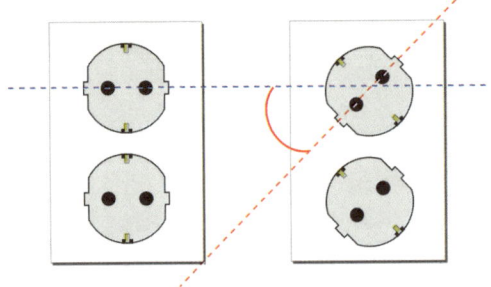

① 접지형 플러그를 2구 콘센트에 모두 꽂을 수 없다.
② 콘센트에 플러그 2개를 모두 꽂으면 전선이 꺾이는 부분이 생긴다.

3. 나라마다 사용하는 콘센트의 모양이 다양해요. 다음 기준에 따라 콘센트를 분류해 보세요.

A형	B형	C형	D형	E형

F형	G형	H형	I형	J형

K형	L형	M형	N형	O형

구멍 크기가 모두 같은 것	구멍 크기가 다른 것

71

05. 왜 나라마다 콘센트 모양이 다를까?

정답

1. ① 플러그, ② 콘센트, ③ 코드

2. ②

3. 분류

구멍 크기가 모두 같은 것	구멍 크기가 다른 것
C, E, F, H, I, J, L, N	A, B, D, G, K, M, O

06. 동전은 왜 모두 동그란 모양일까?

“ 동전은 왜 동그란 모양일까? ”

우리나라에서는 1원, 5원, 10원, 50원, 100원, 500원짜리 동전을 사용하고 있어요. 크기도, 만든 재료도, 새긴 무늬도 다르지만 모양은 모두 동그란 모양이에요.

6가지 동전 중 1원짜리 동전과 5원짜리 동전은 사용이 줄어들어 1980년대 초부터 더는 만들지 않고 있어요. 오늘날에는 직접 화폐를 사용하지 않는 경우가 많아서 동전을 볼 기회도 많이 줄어들었어요.

동전은 금속을 녹여 만든 화폐를 뜻해요. 오래전 과거에도 금속으로 만든 화폐가 있었어요. 고려 시대의 '건원중보', 조선 시대의 '상평통보'도 금속으로 만든 화폐였고, 모두 동그란 모양이었어요. 상평통보는 동그란 모양에 가운데 네모난 구멍이 있어요. 구멍에 끈을 끼워 묶어 돈을 가지고 다니기에 편하게 한 것이에요.

과거의 동전부터 오늘날 사용하는 동전까지 동전은 모두 동그란 모양으로 만들었어요. 왜일까요?

돈은 많은 사람이 사용해요. 한 번 만들면 오랫동안 쓰게 하는 것이 좋아요. 만약 동전을 각이 있는 사각형이나 오각형, 육각형 모양으로 만들면 동전끼리 부딪히거나 오래 사용하면 할수록 각진 부분이 닳아서 모양이 바뀌기 쉬워요. 오랫동안 모양이 바뀌지 않으려면 동그란 모양이 가장 적합해요.

생활 속 꿀팁!

동그랗지 않은 동전도 있네?

세계 여러 나라의 동전을 살펴보아도 대부분의 동전 모양은 동그란 원 모양이에요. 하지만, 몇몇 동전은 원 모양이 아닌 것도 있어요.

영국의 50펜스
(7각형)

영국의 1파운드 동전
(12각형)

캐나다 1달러
(11각형)

"동전 가장자리에 톱니바퀴는 왜 있을까?"

우리나라 동전의 모양을 좀 더 자세히 살펴볼까요? 6개의 동전 중에서 현재 만들고 있지 않은 1원짜리 동전과 5원짜리 동전을 뺀 나머지 4가지 동전의 크기(지름), 무게, 재료, 그림은 다음과 같아요.

	지름	무게	재료	그림
	18mm	1.22g	구리 48% 알루미늄 52%	다보탑
	21.6mm	4.16g	구리 70% 아연 18% 니켈 12%	벼 이삭
	23mm	5.42g	구리 75% 니켈 25%	이순신
	26.5mm	7.7g	구리 75% 니켈 25%	두루미

10원짜리부터 금액이 커짐에 따라 동전의 지름도 커지고, 동전의 무게도 무겁다는 걸 알 수 있어요. 소재는 10원짜리에만 알루미늄이 들어가 색깔이 나머지 동전과 다르게 붉은빛을 띠고 있어요.

동전의 가장자리를 살펴보면 오돌토돌하게 톱니바퀴 무늬가 있어요. 10원짜리 동전을 뺀 50원짜리, 100원짜리, 500원짜리 동전에는 모두 톱니바퀴가 있고, 개수도 달라요.

동선 가상 자리에 톱니바퀴 무늬를 새긴 건 위조를 막기 위함이에요. 동전의 가장자리에 정확한 개수에 맞게 무늬를 새기는 건 어렵기도 하고, 큰 비용이 들기 때문이에요.

동전의 가장자리에 톱니바퀴 무늬를 넣는 아이디어를 생각한 건 17세기 영국의 과학자 뉴턴이에요. 당시 영국에서는 은으로 만든 동전이 있었는데, 사람들이 동전의 가장자리를 갈아서 돈을 훼손하는 일이 많았어요. 동전 가장자리를 깎거나 자르지 못하도록 동전의 가장자리에 무늬를 새기게 되었답니다.

"10원짜리 동전은 꼭 필요할까?"

만약 길가에 10원짜리 동전이 떨어져 있다면, 사람들은 동전을 주울까요? 아니면 줍지 않을까요? 아마도 대부분의 사람들이 그냥 지나칠 거예요. 왜일까요?

첫째로 10원이라는 돈의 금액이 적기 때문에 10원으로 사용할 곳이 거의 없어요. 게다가 2006년부터 10원짜리 동전은 크기가 지름이 22.86㎜에서 18㎜로 줄어 크기가 작아졌어요. 무게도 4.06g에서 1.22g으로 가벼워졌어요. 작고 가볍다 보니 더욱 10원짜리는 하찮게 여기거나 쓸모없다고 생각하는 경우가 많아요.

그래서 "10원짜리 동전을 차라리 만들지 않는 게 더 낫지 않을까?" 질문하게 돼요. 그런데 10원짜리 동전이 사라진다면 생각보다 우리 생활에 많은 변화가 일어나게 돼요.

10원짜리 동전을 많이 사용하진 않지만, 물건 가격의 최소 단위는 10원이에요. 마트에서 물건의 가격을 보면 1280원, 9980원과 같은 가격을 많이 볼 수 있어요.

10원짜리 동전이 사라진다면, 모든 물건 가격의 최소 단위가 50원이나 100원이 돼요. 물건의 가격이 오르는 경우를 생각해 보면 100원짜리 아이스크림을 10원 올릴 수 없으니 150원으로 올릴 수밖에 없어요. 물가가 큰 폭으로 오르게 되는 것이에요. 10원짜리 동전은 직접 많이 쓰이지는 않더라도 없어서는 안 될 중요한 돈의 단위예요.

생활 속 꿀팁!

10원짜리 동전의 크기는 왜 줄인 걸까?

2006년 10원짜리 동전의 크기를 줄인 건 '비용' 때문이에요. 이전에 만든 10원짜리 동전은 구리 65%와 아연 35%를 섞어 만들었어요. 10원짜리 동전 1개를 만드는 데 비용이 38원이 들었어요.

그런데 구리의 값이 크게 오르면서 10원짜리 동전을 만드는 데에 더 큰 비용이 들어가게 되었어요. 그래서 구리보다 값이 싼 알루미늄을 사용하기로 했어요. 하지만 알루미늄은 잘 구부러지기 때문에 알루미늄에 구리를 도금했고, 크기를 줄였지요.

2006년부터 만든 10원짜리 동전 1개를 만드는 데 드는 비용은 약 5~6원 정도로 비용을 약 $\frac{1}{7}$로 줄이게 되었어요.

수학 UP! 문해력 UP! 읽고 풀어 봐~!

1. 우리나라에서는 <보기>와 같이 현재 6종류의 동전이 있어요. 어떤 동전에 대한 설명인지 빈칸에 답을 쓰세요.

① 붉은빛을 띠고 있고, 불국사의 다보탑이 그려져 있다. 오늘날까지도 만들고 있는 동전 중 금액이 가장 적은 동전이다.
➡ ☐ 짜리 동전

② 오늘날까지 만들고 있는 동전 중 유일하게 가장자리에 톱니바퀴 무늬가 없는 동전이다.
➡ ☐ 짜리 동전

③ 가장 지름이 크고, 무거운 동전이다. 구리와 니켈을 재료로 만들었고, 앞면에 두루미가 새겨져 있다.
➡ ☐ 짜리 동전

④ 동전의 지름은 23㎜, 무게는 5.42g이고, 가장자리에 톱니가 110개 있다. 앞면에 이순신 장군이 새겨져 있다.
➡ ☐ 짜리 동전

2. 우리나라 동전이 모두 원 모양인 이유와 가장자리에 톱니바퀴 무늬를 새긴 각각의 이유를 써 보세요.

　① 동전의 모양을 동그랗게 만든 이유

　_____

　② 동전의 가장자리에 톱니바퀴 무늬를 새긴 이유

　_____

3. 다음은 원 모양이 아닌 동전이에요. 어떤 다각형인지 각각 써 보세요.

영국의 50펜스	영국의 1파운드 동전	캐나다 1달러
(　　)각형	(　　)각형	(　　)각형

4. 2006년부터 10원짜리 동전의 크기를 줄이고 재료를 바꿔 만든 이유는 무엇인가요?

_____

정답

1. ① 10원짜리 동전
   ② 10원짜리 동전
   ③ 500원짜리 동전
   ④ 100원짜리 동전

2. ① 각이 있는 모양보다 동그란 모양일 때 모양의 변형이 작기 때문이다.
   ② 동전의 위조를 막기 위해서이다.

3. 순서대로 7각형, 12각형, 11각형

4. 동전을 만드는 데 드는 비용을 줄이기 위해서이다.

신발 사이즈가 4인 건 뭘까?

〝 신발 사이즈는 어떻게 재면 될까? 〞

신발 사이즈를 측정하는 첫 번째 방법은 발가락 끝부터 발꿈치까지의 길이를 재서 그대로 신발 사이즈로 나타내는 거예요. 이렇게 발의 길이를 밀리미터(㎜) 단위로 측정하는 방법을 '몬도 포인트 시스템'이라고 해요. 우리나라도 이 방법을 활용해요.

신발 사이즈만 봐도 발의 크기를 짐작할 수 있다는 것이 장점이에요. 하지만 신발의 모양이나 기능, 소재에 따라 다른 사이즈를 선택해야 한다는 불편함이 있어요. 예를 들어 구두는 220㎜를 신는데, 양말을 신고 신어야 하는 운동화는 그보다 큰 230㎜를 신는 일이 생기는 거예요.

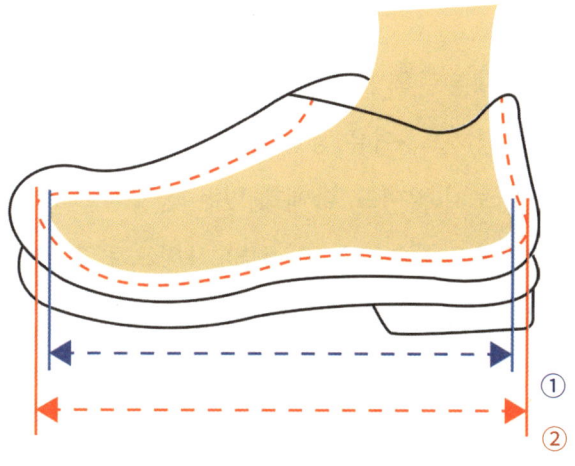

① 몬도 포인트 시스템
  발가락 끝부터 발뒤꿈치까지의 길이로 우리나라와 일본 등에서 쓰여요.

② 콘티넨털 시스템
  발 길이에 *토 룸을 더한 것으로 유럽과 미국 등에서 쓰여요.
  *토 룸 – 신발과 발가락 끝 사이의 여유 공간

두 번째 방법은 '토 룸'이라고 하는 발가락 앞부분의 여유 공간을 더해 신발 사이즈를 정하는 거예요. '콘티넨털 시스템'이라고 해요. 이때 토 룸의 크기는 신발의 모양이나 기능, 소재에 따라 달라요.

유럽 대부분의 나라와 미국에서는 이 방법으로 신발 사이즈를 정해요. 여유 공간까지 포함된 신발 사이즈라서 굳이 신어 보지 않아도 나에게 맞는 신발을 고르기가 더 쉽다는 장점이 있어요. 하지만 신발 사이즈로 표시한 숫자만 보고서는 발의 크기를 짐작하긴 어려워요.

교과서 속 수학 개념!

신발 사이즈 단위, '밀리미터'

1밀리미터는 1미터의 1000분의 1로 기호는 mm를 써요. 10mm = 1cm이고, 100cm = 1m이므로 1000mm = 1m예요.

10mm = 1cm
1000mm = 1m
220mm = 22cm

초2 ·· 길이재기

나라마다 신발 사이즈 표기는 왜 다를까?

우리나라 신발 사이즈 표기법인 220㎜는 발 길이를 밀리미터(㎜) 단위로 나타낸 거예요. 일본에서 우리나라와 같은 방법으로 신발 사이즈를 측정하는데, 밀리미터 대신 센티미터(㎝)를 써요. 일본에서는 220m 신발을 22로 표시해요.

중국은 '호(互)'라는 단위를 써요. 50㎜를 0호로 하고, 5㎜가 늘어날 때마다 한 호씩 커져요. 우리나라 신발 사이즈를 중국의 신발 사이즈로 나타내려면 발 길이에서 50을 뺀 다음 5로 나누면 돼요.

220㎜는 (220-50)÷5=34호가 돼요.

우리나라 사이즈		중국 사이즈
220㎜	→	(220-50)÷5=34

영국(UK)은 1324년 가장 먼저 신발 사이즈 체계를 도입한 나라예요. 재밌는 점은 보리 한 알의 길이를 뜻하는 '발리콘'이라는 개념을 쓴다는 거예요. 발리콘은 약 $\frac{1}{3}$ 인치로 8mm 정도예요. 먼저 12인치(약 305mm)를 사이즈 12로 정하고, 여기서 발리콘 하나를 뺄 때마다 사이즈가 1씩 작아지는 것으로 정했어요.

즉 305mm-8mm=297mm가 사이즈 11이에요. 우리나라 사이즈를 영국 사이즈로 바꾸려면 발 길이를 인치로 잰 다음 3을 곱한 후, 23을 빼면 돼요. 220mm는 약 8.66인치이므로, 영국 사이즈로 바꾸면 8.66×3-23=2.98이에요. 이는 영국 사이즈로 약 3이 되고, UK3으로 표시해요.

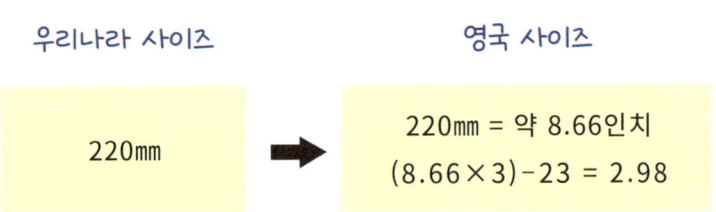

미국(US)은 영국의 계산법과 거의 같아요. 다만 영국은 사이즈가 0에서 시작하고, 미국은 1에서 시작해요. 그래서 영국의 신발 사이즈에 1을 더하면 미국 사이즈가 돼요.

영국을 제외한 유럽의 경우는 또 달라요. 대부분의 유럽 나라들은 인치가 아닌 센티미터 단위를 쓰고 있거든요. 발 길이를 잰 값에 발가락 앞 여유 부분 1.5cm를 더한 후, 다시 1.5를 곱한 값으로 계산해요. 발 길이가 220㎜(=22cm)인 경우, (22+1.5)×1.5=35.25가 되므로 유럽 사이즈로 약 36에 가까워요. EU36으로 표시해요.

오늘날까지도 신발 사이즈에 대해서는 국제적으로 통일된 방법이 없어요. 1980년대 스위스의 국제표준화기구(ISO)가 신발 사이즈의 일정한 기준을 만들려고 했지만 이뤄지지 못했어요. 각 나라에서 오랫동안 사용해 온 익숙한 방법이 있었기 때문에요. 이런 이유로 지금까지도 나라마다 다양한 신발 사이즈 표기법을 사용하고 있어요.

생활 속 꿀팁!

나라별 신발 사이즈!

우리나라 신발 사이즈로 230mm는 미국 신발 사이즈 표기법으로는 5, 유럽 신발 사이즈로는 37, 영국 사이즈 표기법으로는 4예요. 자신의 신발 사이즈가 다른 나라 사이즈로 무엇인지 찾아보세요.

신발 사이즈 표

나라 mm	미국(US)	유럽(EU)	영국(UK)
200	2	33	1
205	2.5	33	1.5
210	3	34	2
215	3.5	35	2.5
220	4	36	3
225	4.5	36	3.5
230	5	37	4

※ 미국이나 유럽은 신발 회사에 따라, 또 신발의 종류에 따라 신발 사이즈 표기 방법이 다를 수 있어요. 외국 회사의 신발을 살 때는 회사에서 안내하는 신발 사이즈 안내표를 꼼꼼하게 확인해야 해요.

참고로, 위의 신발 사이즈 표는 앞의 본문의 내용을 토대로 계산한 것입니다.

> ❝ 신어 보지 않고 내게 맞는 신발, 찾을 수 있을까? ❞

신발은 사이즈가 조금만 맞지 않아도 불편하거나 도저히 신을 수 없기도 해요. 인터넷으로 신발을 살 때는 직접 신발을 신어 볼 수 없어서 내 발에 꼭 맞는 신발을 사기가 어려워요.

인공지능과 증강현실(AR) 기술을 이용하면 신발을 신어 보지 않고도 내 발에 꼭 맞는 맞춤 신발을 찾을 수 있어요. 스포츠용품 브랜드의 한 회사는 스마트폰 애플리케이션(앱)으로 자신의 발을 촬영하면 꼭 맞는 신발을 찾아 줘요.

이때 카메라는 발의 길이뿐 아니라 발목의 길이, 발의 너비 등 13개의 자료를 측정해요. 이 자료를 토대로 많은 종류의 신발 중에서 가장 잘 맞는 신발을 추천해 줘요. 또 국내의 한 회사에서도 비슷한 애플리케이션을 만들었어요. 발 사진을 여러 장 찍으면, 이를 토대로 여러 회사의 신발 중 적절한 것을 찾아 추천해 줘요.

┌─── 애플리케이션 펄핏 ───┐

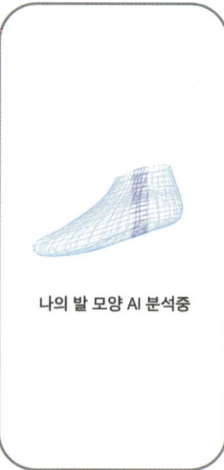

* 자동으로 발의 크기를 인식해 내게 맞는 신발의 사이즈를 찾아 줘요.

　　신발을 살 때 사이즈만 고려하는 건 아니에요. 내가 입은 옷에 잘 어울리는지, 내 발에 잘 어울리는지도 중요해요. 카메라로 내 발을 촬영하면 AR 기술을 이용해 실제로 신발을 신은 것처럼 보여 주는 애플리케이션도 있어요.

생활 속 꿀팁!

내 발 정확하게 측정하기

① 종이 위에 발을 대고 펜으로 따라 그려요.

② 그려진 발 모양에서 발가락이 가장 긴 부분에서 뒤꿈치까지 수직으로 선을 긋고 길이를 재면 발 길이를 알 수 있어요.

③ 발의 양 볼에 선을 긋고 길이를 재면 발볼의 넓이예요.

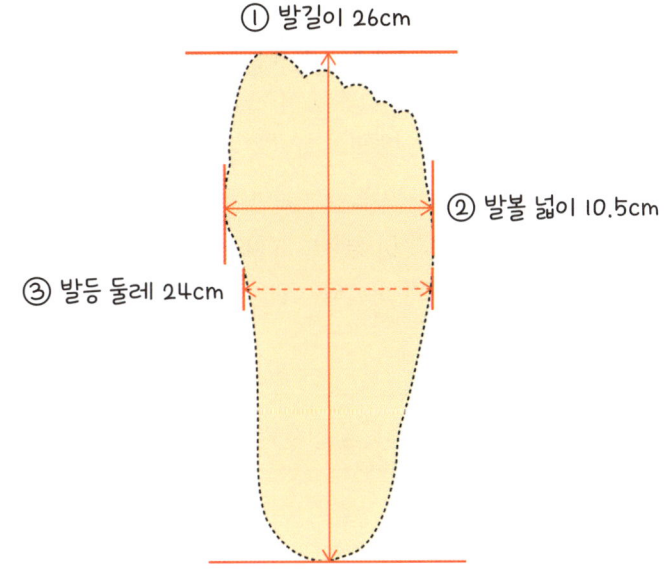

① 발길이 26cm
② 발볼 넓이 10.5cm
③ 발등 둘레 24cm

수학 UP! 문해력 UP! 읽고 풀어 봐~!

1. 신발 사이즈를 재는 두 가지 방법을 설명한 글이에요. '몬도 포인트 시스템'과 '콘티넨탈 시스템'의 장점과 단점을 각각 표에 써 보세요.

> 첫 번째 방법은 '몬도 포인트 시스템'으로 발가락 끝부터 발꿈치까지의 길이를 재서 그대로 신발 사이즈로 나타내는 거예요. 신발 사이즈만 봐도 발의 크기를 짐작할 수 있다는 것이 장점이에요. 하지만 신발의 모양이나 기능, 소재에 따라 다른 사이즈를 선택해야 한다는 불편함이 있어요. 두 번째 방법은 발가락 앞부분의 여유 공간을 더해 신발 사이즈를 정하는 거예요. '콘티넨탈 시스템'이라고 해요. 이때 여유 공간 크기는 신발의 모양이나 기능, 소재에 따라 달라요. 여유 공간까지 포함된 신발 사이즈라서 굳이 신어 보지 않아도 나에게 맞는 신발을 고르기가 더 쉽다는 장점이 있어요. 하지만 신발 사이즈로 표시한 숫자만 보고서는 발의 크기를 짐작하긴 어려워요.

	몬도 포인트 시스템	콘티넨탈 시스템
장점		
단점		

2. 맞으면 ○, 틀리면 ×를 표시하세요.
   ① 나라마다 신발 사이즈를 표시하는 방법이 다양하다. (   )
   ② 우리나라는 신발 사이즈를 표시할 때 센티미터(cm)를 쓴다.
      (   )
   ③ 우리나라는 콘티넨털 시스템으로 신발 사이즈를 잰다. (   )
   ④ 가장 먼저 신발 사이즈 체계를 도입한 나라는 미국이다.
      (   )

3. 우리나라 신발 사이즈로 230㎜를 일본, 중국, 영국, 유럽 사이즈로 바꿔 보세요.

   (1) 일본

   230㎜ → ☐

   식 :

   (2) 중국

   230㎜ → ☐

   식 :

   (3) 영국

   230㎜ → ☐

   식 :

   (4) 유럽

   230㎜ → ☐

   식 :

정답

1.

	몬도 포인트 시스템	콘티넨털 시스템
장점	신발 사이즈만 봐도 발 크기를 짐작할 수 있다.	신어 보지 않아도 나에게 맞는 신발을 고르기 쉽다.
단점	신발의 모양이나 소재에 따라 다른 사이즈를 선택해야 한다.	신발 사이즈로 표시한 숫자만 보고 발의 크기를 짐작하기 어렵다.

2. ○, ×, ×, ×

3. ① 23

   풀이 : 230÷10 = 23

   ② 36

   풀이 : (230-50)÷5 = 36

   ③ 4

   풀이 : 230㎜를 인치로 바꾸면 약 9.05인치가 된다.

   (9.05×3)-23 = 4.15이므로 영국 신발 사이즈로는 4가 된다.

   ④ EU37

   풀이 : (23+1.5)×1.5 = 36.75는 37에 가까우므로 EU37이 된다.

08. 의자 다리는 꼭 4개여야 할까?

❝ 의자 다리 몇 개면 흔들리지 않을까? ❞

사진을 찍을 때 삼각대를 사용해 본 적이 있나요? 삼각대는 다리가 3개뿐이지만 흔들리지 않아요. 평평하지 않은 울퉁불퉁한 곳에 세워도 흔들리지 않아요. 왜 그럴까요?

삼각대 다리의 끝부분을 '점'이라고 생각한다면 삼각대에는 점이 3개가 있어요. 3개의 점을 서로 연결하면 삼각형이 되고, 이 삼각형을 포함하는 평평한 면인 '평면'이 생겨요. 점 3개가 모두 한 직선 위에 나란히 있는 경우를 제외하면, 3개의 점은 언제나 하나의 평면을 만들어요. 그래서 3개인 삼각대는 다리의 길이가 각각 달라도 언제나 하나의 평면 위에 서 있어 흔들리지 않아요.

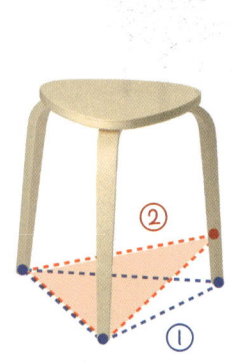

① 다리 길이가 같을 때
② 다리 길이가 다를 때

의자도 마찬가지예요. 다리가 3개인 의자는 점 3개가 같은 평면에 있어서 언제나 흔들리지 않고 안정적이에요. 다리 하나의 길이가 짧아지면 의자가 조금 기울어지긴 하겠지만, 그래도 여전히 점 3개가 동일한 평면 안에 있어서 의자가 흔들리지는 않아요.

반면 다리가 4개인 의자를 보세요. 다리 4개의 길이가 모두 같을 때는 같은 평면 안에 있어서 안정적이에요. 하지만 다리 하나의 길이가 달라지면 그 다리는 나머지 다리 3개가 만드는 평면에서 벗어나게 돼요. 이때 의자에 앉으면 덜컹거리는 거예요.

생활 속 꿀팁!

삼각대는 왜 다리가 3개?

삼각대는 다리가 3개여도 괜찮을까요? 삼각대의 용도는 사진을 찍기 위해 카메라나 핸드폰을 올려 두는 것이에요. 가장 중요한 건 흔들리지 않아야 사진을 잘 찍을 수 있지요. 또 삼각대 위에 올려 두는 카메라나 핸드폰은 무겁지 않고, 스스로 움직이지 않기 때문에 잘 흔들거리지 않아요. 삼각대는 다리가 3개인 것이 더 적절해요.

💬 의자 다리는 왜 대부분 4개일까? 💬

의자를 만들 때 가장 중요하게 생각해야 하는 건 '안전'이에요. 의자에 앉았을 때 넘어지면 안 되니까요. 다리가 3개인 의자는 흔들리지는 않지만 앉았을 때 안정적이지 않아서 위험할 수 있어요. 어느 한쪽 부분에만 무게를 실어 앉을 경우, 의자가 균형을 잃고 넘어질 수 있기 때문이에요.

의자 다리의 끝부분을 점이라고 생각하고 점들을 선으로 이으면 평면도형이 생겨요. 만약 몸의 무게중심이 이 도형의 바깥에 있게 되면 안정을 잃게 돼요. 무게중심은 물체가 어느 한쪽으로 기울지 않도록 균형을 잡는 점을 말해요. 아래 그림에서 가운데 찍힌 점이 바로 무게중심이에요.

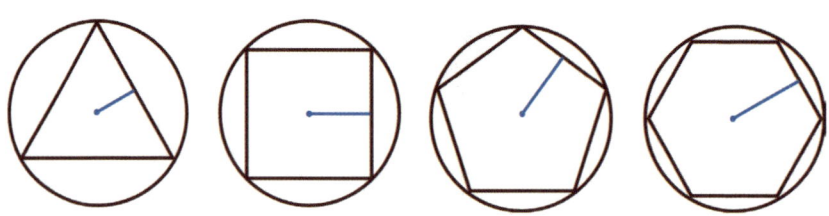

무게중심으로부터 다각형의 한 변까지 이은 직선의 길이가 짧으면 기울어질 위험이 있어요. 그러니까 삼각형보다는 사각형, 사각형보다는 오각형, 오각형보다는 육각형 모양을 이루는 의자일수록 안전해요.

튼튼하고 안전한 의자를 만들려면 다리를 많이 만들어야 될까요? 물건을 만들 때 생각해야 하는 두 번째 조건은 '효율성'이에요. 의자 다리 개수를 늘리면 재료가 많이 필요해 효율성이 떨어져요. 그래서 사람들은 안정적이면서도 효율적인 의자를 만들기 위해 다리를 4개로 만든답니다.

교과서 속 수학 개념!

정다각형의 무게중심을 찾아라!

정다각형이란?
변의 길이가 모두 같고, 각의 크기도 모두 같은 다각형을 정다각형이라고 해요.

초4~5 :: 다각형

정삼각형　　　정사각형　　　정오각형　　　정육각형

정다각형의 무게중심을 찾는 방법은 간단해요. 정다각형의 모든 꼭짓점을 지나는 원을 그린 다음, 원의 중심을 찾아요. 원의 중심이 되는 점이 정다각형의 무게중심이에요.

 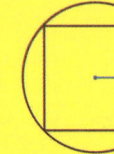 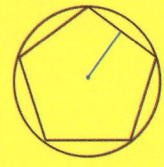 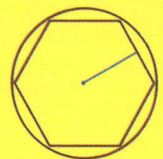

생활 속에서 여러 가지로 무게중심을 경험해요. 자전거를 탈 때 무게중심을 잡아야 넘어지지 않고 탈 수 있어요. 또 놀이터에서 쉽게 볼 수 있는 놀이 기구 시소도 무게중심을 이용한 것이에요.

" 다리 개수로 보는 의자의 특징! "

다리 1개

핀란드 출생의 미국 디자이너 에로 사리넨이 1956년에 만든 '튤립 의자'가 대표적이에요. 튤립 의자의 다리는 하나지만, 바닥에 닿는 면적이 동그랗고 넓어 무게를 분산시킬 수 있어요.

다리 2개

1926년 네덜란드의 건축가 마트 스탐은 단단한 강철을 L 모양으로 휘어 만든 파격적인 의자를 선보였어요. 이런 모양의 의자를 '캔틸레버 의자'라고 해요. 다리가 2개 이어지는 부분이 무게를 지탱해요.

다리 3개

등받이가 없는 다리 3개인 이 의자는 스웨덴의 세계 최대 가구 회사에서 만들었어요. 다리가 3개이고, 앉는 면적의 모양도 삼각형에 가까워요. 오랜 시간 앉기에는 조금 불편하지만 보관이나 이동하기에는 편리해요.

다리 4개

대부분의 의자 다리는 4개예요. 의자 다리가 4개이면 의자의 다리 길이가 다를 경우, 덜컹거리게 되어 넘어질 수 있어요. 하지만 다리가 3개인 의자보다 안정감을 주기 때문에 다리가 4개인 의자가 가장 많아요.

다리 5개

빙글빙글 360° 돌아가는 회전 의자는 보통 다리가 5개예요. 움직이는 의자의 경우 일반적인 의자보다 무게중심이 움직일 가능성이 커서 넘어지기 쉬워요. 더 안정적인 의자를 만들기 위해 다리 수를 늘린 거예요.

 수학 UP! 문해력 UP! 읽고 풀어 봐~!

1. 삼각대의 다리가 3개인 이유를 설명한 글이에요.
   ★과 ▲▲에 들어갈 말은 각각 무엇인가요?

> 삼각대 다리의 끝부분을 ★이라고 생각한다면 삼각대에는 ★이 3개가 있어요. 3개의 ★을 서로 연결하면 삼각형이 되고, 이 삼각형을 포함하는 평평한 면인 ▲▲이 생겨요. ★ 3개가 모두 한 직선 위에 나란히 있는 경우를 제외하면, 3개의 ★은 언제나 하나의 ▲▲을 만들어요. 그래서 3개인 삼각대는 다리의 길이가 각각 달라도 언제나 하나의 ▲▲ 위에 서 있어 흔들리지 않아요.

① ★ = 점, ▲▲ = 직선 ② ★ = 점, ▲▲ = 평면
③ ★ = 선, ▲▲ = 직선 ④ ★ = 선, ▲▲ = 평면

2. 의자 다리가 4개일 때, 흔들거리는 이유는 무엇인가요?

3. 다리 개수에 따라 의자의 특징을 정리한 것이에요. 어떤 의자에 대한 설명인지 연결해 보세요.

①

②

③

㉠ 다리를 L 모양으로 휘어지게 만들었어요. 다리가 이어지는 부분이 무게를 지탱해요.

㉡ 움직이는 의자라서 넘어지기 쉬워요. 그래서 다리 개수를 5개로 만들었어요.

㉢ 다리 개수는 1개지만 의자 다리가 바닥에 닿는 면적이 커서 무게를 분산시켜요.

4. 맞으면 ○, 틀리면 ×를 표시하세요.
   ① 모든 의자는 다리가 4개이다. (   )
   ② 다리가 4개인 의자는 흔들거리지 않아 안전하다. (   )
   ③ 의자 다리 개수가 많을수록 안전하다. (   )
   ④ 의자 다리 개수가 1개인 것도 있다. (   )
   ⑤ 의자를 만들 때 생각해야 할 첫 번째는 안전성이고, 두 번째는 효율성이다. (   )

☑ 정답

1. ②

2. 의자 다리 하나의 길이가 달라지면 그 다리는 나머지 다리 3개가 만드는 평면에서 벗어나게 된다. 이때 의자에 앉으면 덜컹거리게 되는 것이다.

3. ①-ⓒ, ②-㉠, ③-ⓛ

4. ×, ×, ○, ○, ○